事業性評価につながる

ベテラン融資マンの渉外術

寺岡雅顕
楫野哲彦
樽谷祐一
共著

銀行研修社

はじめに

　昭和61（1986）年には536万社あった我が国の事業所数は、平成24（2012）年には386万社に減少（内閣府、経済産業省）。人口も実質的には平成19（2007）年をピークに減少が顕著となり、平成72（2060）年には総人口が9,000万人を割り込むと予想（国立社会保障・人口問題研究所「日本の将来推計人口」（平成24年1月推計））されている。

　以上の状況下、平成26事務年度金融モニタリング基本方針で次の3点が重要施策の中心に据えられた。

　ア）ビジネスモデルの中長期的な持続可能性

　イ）取引先企業の事業性評価

　ウ）リスク管理体制の充実

　バブル崩壊後、金融機関の多くは生き残りをかけて不良債権処理に取組んだ。一方で、経営基盤強化のため、収益に力点をおいたパワー営業が展開された結果、多くの場合、金融機関の都合を一方的に顧客企業に押しつける身勝手なものとして受け止められた。

　地域金融機関の現場に目を転ずると、30年前と違い、「支店の人員は大きく減少している。労務管理が厳しくなり、納得いくまで時間をかけて支店内部で仕事をすることが許されない。また情報漏洩のおそれから、自宅に持ち帰ることもできない。さらに、業務は多様化し、学ぶべきことも増え、ますます、顧客企業と向き合う時間がない。取引先の事業評価と言っても…」というのが、多くの現場の本音であろう。

　本書は、厳しい労務環境と、求められるクオリティーの狭間で、日々喘いでいる渉外マンのために編集した。地域金融に関わる者としての誇りを感じ、地域経済に貢献できるもっともよい位置にいるのが渉外マンであるとの自負を期待したい。

序章は、「融資渉外６つのヒント〜元支店長からのメッセージ〜」とし、現役銀行員時代に、審査経験はないものの融資案件発掘および推進で目覚ましい成果をあげ、支店長としても中規模、大規模の２つの店舗で豊富な経験をもつ楫野哲彦氏に執筆をお願いした。

　その豊富な経験には、金融マンとしての醍醐味や、着眼点など、読者諸君の日常業務に、きっと参考になることが多く含まれている。また、業務の多様化と労務環境の悪化から、殺伐とした雰囲気に陥りやすい昨今である。時として余裕を失い、ネガティブな思考になりがちである。そんな時、序章を読み返して欲しい。きっと抜け出す糸口が見つかるだろう。

　第１章から第７章までは、寺岡雅顕が担当した。

　第１章では、若き渉外マンが、地に足を据えた渉外活動を行うための基本をまとめた。目の前の数字を追うことに忙殺され、管理が疎かになりがちなのが渉外担当者である。無用なトラブルに巻き込まれると、本来の業務に支障をきたす。ただでさえ時間が足らないのが今の金融マンである。基本を疎かにすることのないように願いたい。本章では、弊著「ベテラン融資マンの知恵袋」第１章より一部抜粋すると同時に、渉外マンは融資契約締結の第一線に立つことが多いことを考慮し、契約書の取扱いの留意点を加え構成した。

　第２章では「決算書の速読法」を取り上げた。「事業性評価に基づく融資」の必要性に異論はないと思うが、「数字を無視してよい」ということではない。そもそも、現状の財務と収益力の実態をつかみ、好況窮境に関わらず、ここに至った理由を明確につかめない者に事業性評価などできるはずがない。一方で、顧客企業から決算書をいただく時こそが、経営者と最も話をできる時である。しかし、残念ながら、渉外担当者が、いただいた決算書の中身を見ながら経営者と話をしている姿を想像できない。一瞥しただけで、支店に持ち帰り、後日本部から上がってきた財務データを見

て、良いの悪いの…、と言っているだけである。決算書は、1年の総決算であり企業の通信簿である。経営者の前で決算書を拝見し話をすることは経営者に対する礼儀でもある。なお、財務についてもう少し踏み込んで勉強したい場合は、弊著「ベテラン融資マンの知恵袋」第2章を参照されたい。

第3章では、「企業訪問時の着眼点」について整理した。企業の観察は、事業性評価において最も基礎となるものだ。まだ銀行業務に余裕があったころ、先輩や上司に同行訪問してもらい、彼らから観察眼を学んだものだ。しかし、現在では、支店人員もぎりぎりまで絞り込んでおり、余裕がないのが実態である。本章では、徒弟制度的に先輩達から観察眼を受け継げない時代にあるということを認めたうえで、そのポイントを整理した。

第4章では、「コンサルティング営業」の本質について触れた。平成27事務年度行政方針の中で、751社ヒアリング（通称1,000社ヒアリング）や2,460社アンケートが行われた。取引先企業から見て、金融機関がどのように映っているかを調査したものである。この中で、企業が「提供して欲しい情報」と金融機関から実際に「提供を受けている情報」にギャップが存在すると指摘されている。経営者の関心は、好況窮境に関わらず、「利益をあげる」ことと「資金繰りの安定」である。この視点を重視し会話を深めることによって、より深く企業を理解することにつながり、顧客ニーズに沿ったコンサルティング営業が可能になる。

第5章では、「事業性評価の手法」について触れた。事業性評価の手法というと、一般にはSWOT分析が思い当たる。しかし、地域金融機関の取引の太宗を占める中小零細企業の事業性評価に常に有効か…、といえば疑問が残る。本章では、SWOT分析の手法について解説すると同時に、中小零細企業には別の視点もあることを指摘する。

第6章では、「人口減少社会への対応」について考えた。経営者保証に関するガイドラインで代表されるように、経済環境の変化に合わせ金融行

政も大きく転換期を迎えている。「後戻りのできない、失敗のできない、新たな領域」に踏み込んだと言える。従来金融機関は、担保・保証を信用力の弱い中小零細企業の信用補完的な位置づけで使ってきた。先に触れたように、金融機関自体のビジネスモデルの中長期的な持続可能性に疑問符がつくように、真剣に人口減少社会への対応を考える時に来ている。

　第7章では、「融資案件の進め方」について触れた。融資案件をものにするためには、渉外担当者の果たす役割は大きい。担保・保証に頼らない融資を実行するには、事業性評価に基づく融資を体現しなければならない。稟議書を融資担当者がしたためるケースが多いと思うが、渉外担当者にとってもポイントを押さえた協議書の作成は重要な仕事である。本章ではそのポイントを整理する。

　第8章では、「渉外の失敗事例、成功事例」について樽谷祐一氏にご執筆いただいた。樽谷氏は、30歳代後半で有力地方銀行のサービサーの立ち上げに参加し、その後外資系サービサーにヘッドハンティングされ、最近では弁護士事務所で金融の先端に長く関わってきた。筆者が初の融資課長として昇格異動したおりに後任として赴任してきたのが彼である。銀行勤務時代は融資渉外のトップ行員として活躍した実績を持つ。本章では、樽谷氏の若いころの失敗事例や成功事例を中心に執筆をお願いした。今の時代感覚では多少違和感のある部分もあるとは思うが、実際に遭遇しがちなリアルな体験が赤裸々に語られている。読者諸君の渉外活動の参考にして欲しい。

平成29年1月

寺岡雅顕

推薦の辞

我が親愛なる寺岡雅顕さんへ

司法書士法人ソレイユ　代表司法書士

河合保弘

　前著「ベテラン融資マンの知恵袋」に続き、寺岡雅顕さんが、またまた素晴らしい著書を上梓されたので、かつての仕事仲間として、そして一人の友として、僭越ながら推薦の辞を述べさせていただく。

　寺岡さんは金融一筋に歩んでこられた、まさに筋金入り生粋の金融マンであるが、私は司法書士という国家資格者であり、また企業再生や事業承継の専門家という立場であり、少し以前であれば直接の接点があまりなかった関係だったかも知れないが、ここ数年、特に教育研修の現場において、寺岡さんと私は行動を共にすることが多かった。

　教育研修も、以前であれば金融マンと専門家が机を並べて同じ目的でもって研修を受講するということは稀だったのではないかと思うが、今は状況が変わってきている。

　例えば企業再生や事業承継という課題に対して、以前であれば金融マンと専門家とでは相当異なる立ち位置から見るのが普通であったので、教育研修についてもそれぞれの立場から見るべき部分のみを集中的に学習する場合が多く、あまり共通点がなかったのではないかと思う。

　しかし現在、ご承知のように企業再生も事業承継も、最大のテーマが「企業の維持と継続」という、定量面よりも定性面、資産面よりも経営面を重視しようとする考え方にシフトしてきており、極めて総合的な見地から物事を判断する必要があるとされるようになっている。

これが金融の世界では事業性評価や「ローカルベンチマーク」、そして経営者保証ガイドラインなどの近年話題になっている事象として、専門家の世界では単一機能の専門家集団よりも異なる資格者相互の連携を重視する方向性として表れており、現実に寺岡さんが金融面などを、私が法務面などを、さらに他の分野の専門家とコラボレートして研修を行ってきたものである。

　さて、本書であるが、もちろん主要な読者ターゲットは若手の金融マンであると察せられるものの、実際に原稿に目を通させていただくと、これは単に金融マンのみならず、金融とは直接無関係の専門家が、自らの知識の向上と、不足している知識の補完を図るために読むべき書籍でもあるのではないかと感じたものである。

　一例を挙げてみると、第2章の「決算書速読法」については、財務経理を自己の分野としない私のような法律関係の専門家が学習するに相応しい必要かつ十分な内容が網羅されているし、第3章「企業訪問時の着眼点」については、企業再生や事業承継を支援する立場にある専門家が十分に読み込んでその趣旨を理解しておくべき内容となっており、さらに第6章「人口減少社会への対応」については、専門家に限らず中小企業に関係する者は誰もが知っておかなければならない知識であると言える。

　その他にも、お酒を嗜まれる寺岡さんらしいエピソードなども挿入されており、さらに私の知人でもある樽谷祐一さんご執筆の第8章「融資渉外の失敗事例、成功事例」は部外者として楽しく読ませていただくことができるし、全体的に前作「ベテラン融資マンの知恵袋」以上に理解しやすく、かつ親しみやすい著書として素敵に仕上がっている。

　これからの時代、金融機関と中小企業、そして専門家は、ある意味では運命共同体と言っても良いくらいの緊密な関係となり、今まで以上に情報交換をなし、連携を取っていく必要が生じてくると考えられる。

　本書をお読みになる金融マン諸氏を私たち専門家は心から応援するので、金融マン諸氏も私たち専門家を理解し、是非とも今以上にご協力いただきたい。

　私は本書を、多くの専門家にも読破するよう薦めるつもりである。

　寺岡さんと一緒に同じ教育研修の場に立つ日が再び訪れることを心から願い、本書の推薦の辞とさせていただく。

　ご出版、おめでとうございました。

平成29年１月

目　　次

序章　融資渉外６つのヒント
～元支店長からのメッセージ～

第1章　融資渉外の基礎

第2章　決算書速読法

第3章　企業訪問時の着眼点

第4章　コンサルティング営業

第5章　事業性評価の手法

第6章　人口減少社会への対応

第7章　融資案件の進め方

第8章　融資渉外の失敗事例、成功事例

序章

融資渉外６つのヒント
～元支店長からのメッセージ～

30年〜40年前は、今と比べて業務は単純であり、時間は無制限に使うことができました。しかし現在は、金融商品の販売、事業性評価に基づく融資への取組み等々、業務が複雑化し、それに対応すべく資格試験の勉強も過去以上に求められています。また、営業店の現場では、収益環境の厳しさが増していることもあり、厳しく目標管理が行われているのが実情です。言い換えると、今の若き金融マンの多くは、業務においても私生活においても、余裕が持てない受難の時代に身を置いていると言えます。

　本章では、融資案件発掘および推進で目覚ましい成果を上げた経験豊富な元支店長より、地域金融を目指す若き金融マンにメッセージを送ります。

第1節　金融マンの醍醐味

　皆さんは、いろいろな選択肢のある中、どうして金融機関を選ばれましたか？　動機はいろいろだと思いますが、現在ノルマ消化の毎日に疲れを感じておられる方はいませんか？　そんな時は、そもそも金融マンとは？　金融の仕事の醍醐味は？　といった根源的なところに立ち還って考えてみるのもいいかもしれません。

　私は34年半の銀行生活を送った後は、定年退職扱いできっぱりと銀行を辞めました。銀行とは何の関連もない事業会社を立ちあげ、地元密着、地域貢献型の小規模事業主として日々忙しく仕事をしています。

　小規模事業といえども維持、発展させていくのは思いがけず、なかなか難しいもので、思いどおりにならないことも多々あります。しかし、誰にも指図されずに信念のまま、思いどおりに運営できる醍醐味はサラリーマンでは味わえない特権です。

　それでは、金融マンとしてのサラリーマン時代はつまらなかった？　い

えいえ、まったく、そんなことはありません。もちろん、苦しい時もありましたが、基本的には、仕事はやりがいがあり、一貫して楽しく過ごせました。

　金融機関のサラリーマンは、比較的高額の安定した給与と安定した雇用が魅力と言われます。しかし、最も大きなメリットは、「大きな仕事ができる」ことではないでしょうか。その信用力、資金力、組織力などを活かし、中小企業者はもとより地元中堅企業でも絶対にできない大きなことに、若いうちから大胆に取り組むことができます。

　お金についていえば、自分の一生の所得より大きな金額を扱うことができます。融資などを通じて地域の産業にも大きな影響を及ぼすこともできます。それだけに責任も重大ですが、自分１人では限られた影響力を、仕事でダイナミックに拡張できることは素晴らしい経験で、とてもワクワクします。

　さて、金融機関は他の業種と違って、圧倒的な信用があります。名刺を出せば、飛込みでも普通は門前払いされることはありません。「取引先中小企業に出向してみて初めて、金融機関時代の名刺の絶大な威力を知った」と多くのOBが嘆いています。さらに、融資取引のある取引先では、あなたが若くても直接社長が会ってくださり、長時間話をすることができます。いろいろな業種の社長とお会いして話をすると、自然に地域の産業の仕組み、社会の仕組みなどがわかってきてワクワクしてきますね。

　また、経営者は一国一城の主であり、人格、先見性、洞察力など何らかの優れた資質をお持ちです。お近づきになれれば、よい薫陶を受けることができ自分自身を磨くことができます。

　そして、最もやりがいのあるのはやはり融資でしょう。事業経営は自己資本比率が高いのが良いのではなく、他人資本（融資）をレバレッジとして活用し、いかに効率よく運営していくかが重要です。事業の基盤となる

設備資金の調達や日々の事業を回していくためにも、どんな企業にとっても、金融機関との関わりは決定的に重要です。

その意味で融資を行う金融機関の役割は大きく、企業に大きな影響力を持っています。そのフロントを担当するのがあなたなのです。

折しも、金融庁の行政方針は、金融機関監督のその先の「中小企業の価値向上」ひいては「地域創生への貢献」まで見据えたものとなってきました。あなたの融資提案、融資判断が取引先はもちろんのこと、地域の産業にも影響を及ぼします。あなたの融資に対する心構えや動きが、地域を創るとも言えます。

このように考えると、とてもやりがいがある仕事につけた喜びを感じることができることと思います。

また、ミクロで観ると、企業の行く末を左右する難しい融資を実現させたとき、取引先に心から感謝されることが多々あります。そんな時は、とても生きがいを感じます。人の役に立てるというのは、究極の幸せではないでしょうか。これらのことは日頃当たり前と思っていて、ありがたみを感じることはあまりないかもしれませんが、金融マンでなければ到底経験できないことばかりです。金融マンを選んで良かったですね。

第2節　取引先を尊敬しよう

融資先の中でも、なかなか利益が出ず資金繰りも忙しい取引先もあります。そうした先に対して、あなたは日頃どんな気持ちで接していますか？「お金を貸してやっている」などは論外ですが、何となく見下した気持ちを抱いていませんか？　それは大きな勘違いです。

金融機関職員の皆さんはサラリーマンで、毎月決まった日に几帳面に給

与をいただいていますが、事業主は違います。従業員に賃金を払い、その家族を支えています。従業員はその賃金で物やサービスを消費し日々の生計をたて、子どもを育て、その子どもは将来あなたの年金を支えることになります。

　雇用を生み出すことは社会の安定につながり、地域や国の発展の基礎となります。また、事業は仕入などの財や、広告宣伝や運輸、通信などのサービスを大きく消費し、これをもとに、自らもまた大きな財やサービスを生み出しています。つまり、たとえ赤字会社であっても、ダイナミックに経済を回している重要な一員といえます。

　このように、よく考えてみると、法人税を払えない事業者であっても社会的に非常に重要な役割を担っており、社会に大きく貢献しています。極端な例ですが、破綻先でさえ長年雇用を維持し、社会を支え、金融機関に莫大な利息を支払っているのだということを忘れてはいけません。

　私は、５年前に定年退職扱いで銀行を辞めて会社を設立し、事業を始めました。銀行員時代に培った豊富な知識、経験、人脈があり、楽勝だと思っていました。しかし、見るとやるとでは大違いで３年間は艱難辛苦の連続でした。リスクをとって、自分の才覚と度胸で事業を経営している社長は偉い！　と今更ながらつくづく思い、銀行員時代の「上から目線的な心情」を恥じました。

　あなたは銀行を辞めて事業ができますか？　もし、自信があったとしてもそれはたぶん幻想です。そう断言できるほど起業や事業経営は大変です。

　日頃接する経営者の方々には常に感謝と尊敬の念を持って接してください。

　業況の優れない取引先を訪問するときも、神社の前で一礼するように、玄関前で感謝と尊敬の念を込めて一礼するくらいの気持ちが必要です。

第3節　業績アップの秘訣

　あなたの今の最も大きな関心事は何でしょうか。渉外担当であれば、ノルマ達成、業績アップは避けて通れませんね。

　私は、支店勤務のほとんどの期間は営業成績トップでした。それは、もちろんたくさんの幸運に恵まれたことが一番大きいのですが、多少のコツがあるように思いますのでご紹介しましょう。参考になれば幸いです。

（1）気持ちの問題

　数字の奴隷となるのでなく、常に最高を目指すことが大事です。私は、ある種のゲーム感覚で業績アップに取り組んできました。ある時、私が友人に「全店で10番以内の成績には入りたい」と気負ってかなり高めの目標を口にしました。そうすると彼は、「日本で一番高い山を知ってる？」と妙なことを言います。「富士山に決まってるけど、それが何か？」と私。すると彼は「じゃあ、2番目は？」と畳み掛けてきました。

　私「……」。かつて事業仕分けで、某女史が「なぜ2番じゃいけないんですか？」と発言したことがありましたが、やはり1番でないと意味がないと得心しました。常に1番を目指して、やっと上位に入れるのが現実です。

　1番になるためにはどうしたらいいか、いつも徹底的に考えていると潜在意識に刷り込まれ、そのためのアイデアがどんどん湧いてくるものです。難しいゲームを次々に攻略しているようで、「次はこうしてみよう」、「これを試してみよう」と毎日が楽しくなります。たとえうまくいかないことがあっても、済んだことにはくよくよしないことが大切です。

　日頃から「無理」とか「できない」などの否定的な言葉を使わない。長期的な展望のもと、明確な目標を持って、自信をもって仕事に取り組んで

ください。

　もちろん1番になるために何をやってもよいというわけではありません。業績推進の本来の意味をかみしめた営業活動を心がけてください。将来不良債権化したのでは意味がありません。

（2）取組み手法

　成功した事案があればそれを分析して、得意パターン、得意スキームとして自分のものにし、徹底的に横展開するのが効果的です。私の中では「調子に乗る！」がキーワードでした。**一般的には、いろいろなバリエーションの中から顧客に最適なスキームや商品などを提供するよう指導されていると思います。しかし、すべてに精通するということは力の分散になり非効率です。また慣れない不十分な知識、状態でお客さまに勧めることになり失礼でもあります。**

　そこで、逆の作戦を取りました。すなわち、得意パターンにはまる顧客を探すということです。既存取引先もそうでない先もスクリーニングし、リスト化して攻略します。パターンにはまらない顧客は他の人に任せればよく、「バカの一つ覚え」と揶揄されても平気で進めます。結果はいつも圧倒的な勝利となりました。時間が経つうちに、必勝パターンも増えてきて、いつの間にか「一つ覚え」でなくなって、いろいろな状況に対応できるようになります。

（3）全体に目を配ろう

　得意の推進先が枯渇してくると、全体を眺めるようにしました。自分の見ている顧客は果たしてすべてを網羅しているのか？　と問いかけると、これまで見過ごしていたものが見えてきます。

　例えば、取引先の業種を産業分類によって分けると、空白だったり、ス

カスカの業種がわかります。その業種が自分の支店のテリトリー、マーケットにないのかというと、単に見過ごしているだけだったとわかることがあります。ある支店では、病院の取引が薄いことがわかり、本部から病院の専門家を支店に呼んでリストアップ、一気に攻略し業績アップとなりました。

（4）現場を歩き、変化に気がつく

また、新規取引先発掘にはテリトリーを注意深く観察することも有効です。

ある日、支店のテリトリーを回っていると、普段はただの海と岸壁の風景にたくさんの内航貨物船が停泊しています。これは何だ⁉ と思って聞いてみると、お盆でみんな帰ってきているのだと。内航貨物船の一杯（一隻）船主たちです。

何でもない風景として見過ごしがちなものも、問題意識をもっているとお宝になります。それまで、その支店の歴史で船舶融資はありませんでしたが、早速大きな船舶融資案件を実行し業績は大いに伸展しました。

これらのように、「見落としは必ずある！」という気持ちで常にアンテナを立てておけば、あなたもお宝を発見できるでしょう。

（5）上司を使い、キーマンに会おう

日頃から上司を巻き込み、いろいろと教えてもらいましょう。経験の差から、自分ではわからなかったポイントに気づかせてもらえ、行き詰まりが打開できたり、業績アップのアイデアが浮かんだりすることも期待できます。

一番効果があるのは、支店長を使うことです。支店長に帯同してもらえば確実に社長と会って話ができます。しかも、相手が支店長ともなると社長もそれなりの話をしようと気張るので、業績アップにつながる思わぬ話

が聞けることも多々あります。

第４節　融資推進

　融資推進について言えば、「業推無罪」^(注) の感覚は改める必要があります。
こんな考え方をしていたら、金融機関として生き残れない時代になりました。リスク無視、リスク隠し、顧客ニーズ無視などの「イケイケドンドン」
の融資はもちろん、顧客の実態を見ない担保・保証至上主義の融資も不可
です。そんなことをしていると、融資に対する感性が鈍り、そして擦り切
れ、推進のポイントを見失い、結果的に成績は伸びません。

　（注）業務推進の名のもと、事務管理の粗漏など何をやっても許されるという考え方。

　それはさておき、案件によってはリスクが大きく思え、融資採上げして
よいものか、あなたは悩むことが多々ありませんか？　ベンチャーキャピ
タルは10社に投資して９社が倒産しても、１社が上場できればいいという
割り切った考え方で資金を投入しています。一方、金融機関の１件ずつの
融資実行はどれも完済されることが前提となっています。しかし、残念な
がら現実的には倒産する会社も必ずあります。かといって、これを恐れて
いたら金融業は成り立ちません。

　金融機関はある程度のリスクをとって融資をし、そのリスク料が金利に
含まれていることは誰でも知っています。しかし、ある会社に融資をして
良いかどうか、リスク量に見合う金利水準はどうなのかを見極めるのは至
難の業と思います。

　個々の金融機関として取れるリスク量も異なり、その時点の経営方針、
経理状態によっても当然に判断が異なりますし、そのふれ幅は大きいと言
えます。つまり、最終的にリスクをとるか、とらないかは経営マターであ

ると思います。

　そうしたことから、支店としての判断がかなり厳しい案件でも、顧客の
ニーズがあるならどんどん採り上げて、審査部門に判断を問うてみるべき
です。**融資案件にはピカピカの案件はなく、必ず弱点があります。都合の
悪いことは隠し、稟議を通すための副申書を準備するようなことがあって
はなりません。融資渉外の基本は数字をとることではなく、情報を取得し、
顧客ニーズに沿った融資の積上げにつなげることです。**

　支店と審査部門は分業です。支店では、日常的に事業所に訪問し、社長
にも会って話をしているので、本部の審査担当よりはるかに多くの貴重な
情報を持っています。これらを稟議申請の際、悪い情報も包み隠さず直感
も含めて審査部門に伝えましょう。一方、審査部門は、財務諸表による企
業の状況把握に長け、また、多くの事例を知っているので、違った切り口
で判断を出してくるでしょう。また、政策的な判断も加わるかもしれません。

　支店はこれを理解し尊重するが、唯々諾々と盲目的に従うのではなく、
意見を交換し、戦わせることで融資の質が高まるのです。

第5節　取引先の与信判断

　取引先の与信判断というと、財務諸表の分析をしていろいろな比率を見
ることを考えますね。もちろん財務分析も重要ですが、支店勤務で取引先
に訪問できるのなら、もっと大切なことがあります。

（1）社長と会って話を聞いてみる

　中小・零細企業の先行きは社長の資質で9割以上決まるというのが私の
実感です。イキイキとして会社の未来を語ってくれる、こちらの質問に数

字を出して的確に答えてくれる。こんな社長だと会社は安泰です。逆に威張ったり、過去の自慢ばなしや趣味の話ばかりしたがる、そんな社長は要注意です。

（2）観察してみよう

　事務所や工場、店舗・施設などはよく観察してみましょう。従業員はテキパキ、イキイキしているか、机の上や収納場所は整理整頓されているか、トイレはきれいかがポイントです。

　私が支店長として初めて支店に赴任したとき、まずすることといえば、トイレをピカピカに清掃することでした。そうして、業績トップを誓います。トイレは意外かもしれませんが、会社の士気はこんなところに必ず表れます。訪問したら、必ず使ってみてください。

　このほか、ホワイトボードのスケジュール、行動予定表や案件管理表が掲示されていれば必ずチェックします。調子のいい会社のそれはびっしりと書き込みがあり、活気があります。記入された内容、例えば来訪者や出張先などを見ることができれば、与信判断材料だけでなく、業績アップのためのいろいろな役に立つ情報が得られます。

　また、業種への理解が進んでいないときは、工場や作業所、倉庫、店舗など現場を何度も見てみるのが一番です。

　私の赴任した支店では、取引先の一つに自動車メーカーの一次下請け会社がありました。初めての業種だったので着任して早いうちに、3県5カ所にあるすべての工場を見学させてもらいました。百聞は一見にしかずで、実に多くのことがわかりました。

（3）決算書に慣れよう

　このように取引先への訪問、観察による定性分析は大切ですが、金融マ

ンなら決算書も読めるようにしておきましょう。

あなたは、取引先を訪問して決算書をもらったとき、すぐにカバンに仕舞いこんだりしていませんか？　B／S、P／Lだけでなく、勘定科目内訳明細書まで目を通して、必ず3点以上質問してみてください。社長も「こいつはできるぞ」と一目置くようになるかもしれません。

決算書を見るときのポイントはまず「比較し、変化を見る」なので、あらかじめ用意できれば前期分の決算書を持参しましょう。そうでなければ、お願いして前期分を見せてもらいます。初心者で何を聞いたらいいかわからない人は、数字が大きく変化しているところを探して、これはなぜか質問してみましょう。

中小企業の決算書はどこも大なり小なり「粉飾」、いわゆる「お化粧」がされています。ですから、教科書的な財務分析指標を見ても実態が見えにくいものです。しかし、「粉飾」と言っても複雑な手口のものは少なく、だいたい在庫や売掛金を膨らませているので、すぐわかることが多いものです。

また、毎期黒字で、さしたる投資もしていないのに、なぜか現預金が異常に薄いなど、常識的に変だぞ？　ということから、込み入った手口の「粉飾」を見つけることもあります。逆に、節税のためにあらゆる操作をして、いつも100万円程度の黒字にとどめているような「逆粉飾」企業もたくさんあります。

こういう中小企業の実力を見るのに、私は「社員1人あたりの付加価値額」を重視していました。利益を少なく見せる「逆粉飾」の手口としては、もちろん売上高や在庫を操作することが多いのですが、これはわかりやすい。そこを見抜いたうえでの付加価値額に注目します。

付加価値額はあえて「売上総利益」を使います。なぜなら、役員報酬や保険、広告宣伝、交際接待費、社宅家賃、福利厚生費などの販管費は会社

によって使い方がバラバラで、また利益調整によく使われるからです。この指標は、中小企業で800万円／人、大企業で1,200万円／人が標準と言われているので参考にしてみてください。

（4）事業性評価

　これらの、昔ながらの現場観察、財務諸表分析の他に、最近では「事業性評価」ということが重視されるようになりました。地方創生の大号令のなか、これまでの、担保や保証、財務諸表分析に頼った、企業実態を見ない融資ゆえに地方は発展せず疲弊しているのではないかという問題意識があります。そこで、金融庁も金融機関に取引先の「事業の内容や成長可能性などを適切に評価」して融資するよう求めています。

　「事業性評価」というと具体的にわかりにくいですが、要は事業計画書を作成する際によく利用する「３Ｃ分析（市場、競合、自社の事業特性）」や「クロスＳＷＯＴ分析」などの観点で評価項目を定め、より精緻に取引先の事業の優劣を見極めるということです。そうしたうえで、取引先の強みを強化したり発掘したり、弱点を補強したりできるような融資を行ってくださいということです。

　しかし、いくら精緻な事業性評価のチェックポイントがあっても、それぞれの項目の評価自体が間違っていたら元も子もありません。ここで、支店の渉外マンの役割としては、社長や現場の従業員などとの会話を多くし、業界の話や、会社の強み、商品・サービスの特長、悩みなどをよく聞き取り、深く理解することです。融資をしているのに、その会社の製造している製品、販売している商品・サービスに触れたこともないなんて論外ですね。

第6節　不断の勉強

　あなたは、金融マンとして恥ずかしくない知識やスキルを持っていますか？

　通信講座も受講しない、検定試験も受けない、資格試験にもチャレンジせず。そんなものは実戦に役に立たないと言って胸を張っている人がいます。そういう人に限って、あやふやな知識で判断、処理して、大きな問題を起こします。金融マンを職業に選んだのなら、そして一生この世界で飯を食おうというのなら、なぜそのための勉強を必死でしないのか？　私には理解できません。

　支店長時代は、本気で勉強しているか否か、人事考課の判断材料として大いに参考とさせてもらいました。評価をランクダウンさせる場合の面接は、なぜそうなったのか説明が難しいものですが、必要な試験に受かっていない場合は楽です。全員に高い評価はつけられません。つまり、勉強していないとランクダウンの標的になりやすいという面もあります。

（1）金融マンの基本は法務

　それでは何を勉強したらいいのでしょうか。他の職業でもそうですが、仕事の基本は法律です。特に金融機関の仕事はまず、民法に精通している必要があります。金融法務の検定試験などを積極的に受けて、2年目には最上級のものに合格するようにしてください。

（2）常識にとらわれない財務の知識

　これと並行して、財務諸表分析の勉強をしてください。財務諸表分析のみに頼る与信判断はよくありませんが、これを知らずして金融マンとは言

えません。何事も基本が大切です。

　種々ある財務系検定試験で勉強するのもいいですが、**財務には常識がないことを忘れないでください。検定試験で得た知識が、生きた企業にそのままあてはまることは少ないのです。**まずは財務諸表分析の指標などが網羅されている入門書にざっと目を通して概略を理解しましょう。財務諸表論などにはあまり深入りせず、財務の知識を実際の融資判断にどう活かしていくのかという観点で勉強するといいと思います。この点、本書の共著者である寺岡氏が執筆した「ベテラン融資マンの知恵袋」（銀行研修社）などは実践的でわかりやすく、必要な情報が網羅されているのでお勧めです。繰り返し読むと、相当の実力がつきます。

（3）一つでも資格の取得を目指そう

　これらが修得できたら、一つでも業務関連の資格が欲しいところです。個人に金融商品を売るのが専門の方はファイナンシャルプランナー（FP）なども良いですが、融資や法人渉外がメインの方にはあまりお勧めできません。意味がないわけではありませんが、限られた勉強時間をどこに優先的に割り振るかの問題です。

　私のお勧めは、宅地建物取引士です。平成27年４月から「士業」になり、難易度が上がりつつあります。特に民法の問題はレベルが高く、挑戦のしがいがあります。この資格を勧める理由は、ズバリ不動産関連融資に強くなるためです。

　融資も本格的な設備案件となると、ほとんどが不動産絡みとなります。また、担保といえばほとんど不動産担保です。宅建士はすべての科目が直接実際の仕事に役立ちます。不動産屋と社長の会話がよく理解できないようでは、融資推進どころではありませんが、宅地建物取引士の名刺があれば一目置かれることと思います。

（4）得意分野を持とう

　融資分野でも預かり資産分野でも何でもかまいません。支店の中で「この分野では自分の右に出る者なし」という専門性、得意分野を持つことをお勧めします。そうすることによって、自信も持てるし、上司も含め周りも一目置いてくれるので、驚くほど仕事がスムーズに進むようになります。

（5）読書、雑学の勧め

　専門知識の他に、ビジネス書でも哲学書でも、趣味や教養のものでもいいので、本を読む習慣をつけましょう。私のお付き合いした優れた経営者はほぼ例外なく読書家です。多読によりいろいろな考えに触れ、教養を高め、人間性を高めていきましょう。

　これら基本科目のほか、税務、証券業務、外国為替、デリバティブなどについてもよく理解していないと、渉外担当は務まりません。金融機関に入ったからには一生勉強です。資格マニアにならなくても良いですが、いろいろな分野で勉強し、本質をつかんで欲しいと思います。

第1章

融資渉外の基礎

第1節　アボイデッド・コスト（避けられたはずの損失）

「的確な対応が行われさえすれば避けられたはずのコスト」これを「アボイデッド・コスト（Avoided Cost）」と呼びます。

渉外担当者は、多くの場合、数値目標を持って業務を行っています。ノルマと言う形で、精神的に大きなプレッシャーを感じている担当者も多いでしょう。

金融機関では「営業推進と管理」は支店経営の両輪であるとよくいわれます。しかし、管理が疎かになると、無用のトラブルに見舞われることがよくあります。トラブルが発生すると簡単には解決せず、事後処理に多大な時間を浪費することになります。営業推進にかける時間はなくなるといえます。

営業推進は堅実な管理の上に成り立つことを忘れてはなりません。

図表 I −1　管理の重要性

アボイデッド・コスト

的確な与信判断と良質な管理の上に
安定した営業推進が乗っていると知るべし！

管理を疎かにした営業推進はいずれ

「アボイデッド・コスト」
（避けられたコスト）
を支払わされる結果となる。

図表Ⅰ-2　営業推進の基盤

	管理が疎かな金融機関（支店）の業績は砂上の楼閣		
建物	営業推進		
基礎	【管理】		
	事務	業務	与信

建物は堅牢な基礎の上にあって価値がある！

　なお、本章第1節～4節については、弊著「ベテラン融資マンの知恵袋」第1章をベースに執筆しました。

第2節　失敗の原因

　アボイデッド・コストの発生を避けるためには、行動を支配しがちな自分の特徴を知ることが肝要です。「欠点を認識すれば、その時点で克服されたのと同じ」とよく言われます。

　図表Ⅰ-3は東京大学名誉教授の畑村洋太郎先生の整理です。実によく人間が犯す失敗の要因がまとめられています。じっくり眺めてみてください。思い当たる節が沢山あるはずです。人は自分の持つ傾向や癖あるいは欠点を認識するだけで大きく改善します。しなくても済む失敗をしないように、十分に自分の特性を見極め、意識しましょう。

第3節　忘れてはならない鉄則

　失敗には、往々にして、「鉄則」を忘れた対応が、背景にあるようです。

図表 I－3　失敗における人的要因

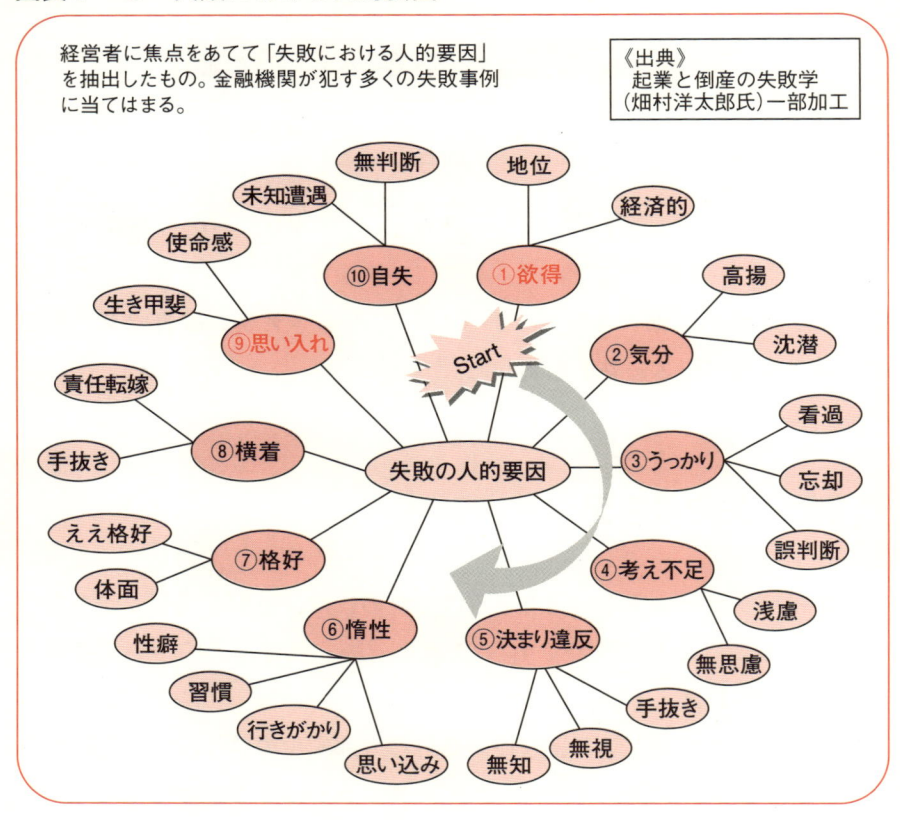

経営者に焦点をあてて「失敗における人的要因」を抽出したもの。金融機関が犯す多くの失敗事例に当てはまる。

《出典》
起業と倒産の失敗学
（畑村洋太郎氏）一部加工

経営者は、中小企業といえども一国一城の主です。公の場（商工会議所等）では、頭取や理事長と同格です。従業員と従業員の生活を自らが支えているという自負もあります。決してプライドを傷つける対応をしてはなりません。

時に「カネを貸してやる」と言わんばかりの対応をする者が現れます。一方で、「融資に便宜を期待する」取引先もあります。そんな時、コンプライアンスの意識がしっかりした職員なら問題ないのですが、残念ながら

図表I－4　融資渉外で徹底すべき意識

| ①経営者は一国一城の主 | → | 1．決してプライドを傷つけない対応を心がける！
2．相手業界および経営については相手経営者がプロである！
3．銀行員にどんなに財務知識や業界知識があっても、教えていただくとの姿勢！ |

| ②お客様第一の精神 | → | ・銀行は金融サービス業！
・お客様を大切にすることが銀行への信頼感を増し、次の仕事につながる！ | → | ・「カネを貸してやる」との態度は厳禁。
・格付けの低い取引先であっても、共に考えるという姿勢が必要 |

| ③守秘義務の徹底 | → | ・融資業務に携わる者は、お客様のプライバシーや、企業の内部情報に接する機会が多い。 | → | ・秘密厳守は絶対義務
・顧客情報の漏洩は銀行の信用を著しく傷つける。 |

| ④現物管理の徹底 | → | ・現金、小切手、手形等有価証券類、通帳、契約書等の現物管理。 | → | ・現物事故を起こした行員には将来がないくらいの厳しさが必要。
・紛失はお客様に迷惑をかけるだけでなく銀行の信用の失墜も大きい。 |

| ⑤コンプライアンス | → | ・融資業務に携わる者は誘惑も多い。
（お取引先側）
・融資に便宜を期待した接待
・無理な融資を受けたあとの謝礼
（銀行員側）
・優越的な地位を利用した飲食ゴルフ等接待や金品の強要 | → | ・銀行員である前に人であれ！
（社会的な期待を裏切らないという決意）
・人として守るべき規範と倫理がある！
※後で人に言えないような不道徳な行為は決して行わない！ |

| ⑥融資は契約で行う | → | ・審査は貸し出しできる先か否かを判断するだけ。 | → | ・契約書は実行までに完璧であることが求められる。
※実行後の補正は困難と時間が！ |

数ある職員の中には甚だ怪しい職員もいるわけです。彼らの中に「融資に便宜を期待した接待」や「無理な融資を実行したあとの謝礼」を受けるこ

とに罪悪感を持たない輩がいても不思議ではありません。時には優越的な地位を利用した「飲食ゴルフ等の接待」や、あろうことか「金品の強要」を行う者まで出現することもあります。

　情実融資や不正融資につながり重大な損害を金融機関に与えた事件は、それぞれの金融機関が、それぞれの歴史の中で経験しているはずです。

　特に渉外担当者は、顧客企業にとっては支店長に話をつないでくれる大切な役割を担っています。それだけ誘惑が多いのも事実です。自らを律する必要があるといえます。

第4節　与信管理の基礎

　渉外担当者は、推進の面でも大きな役割を担います。融資事務について経験するには、融資係を経験する必要があるかもしれませんが、融資担当は、必ずしも融資係である必要はありません。むしろ、今の時代、**渉外担当者が融資推進のカギを握っている**と言えます。本節では、渉外担当であっても必要となる「与信管理の基礎」について整理します。

（1）与信管理の基本構造

　与信管理は「審査」「契約」「フォロー（モニタリング）」の3つの要素で構成されます。また、「審査」のプロセスは「実態把握」と「与信判断」の2つの要素で考えることができます。中でも特に**重要なのは契約**です。**審査は与信判断の過程で融資しても大丈夫な先だと判断している**にすぎません。

（2）営業推進に偏ると与信判断が甘くなる

　「第三者個人保証担保に頼らない融資慣行の確立（2011年改正総合的監

図表Ⅰ－5　与信管理の基本構造

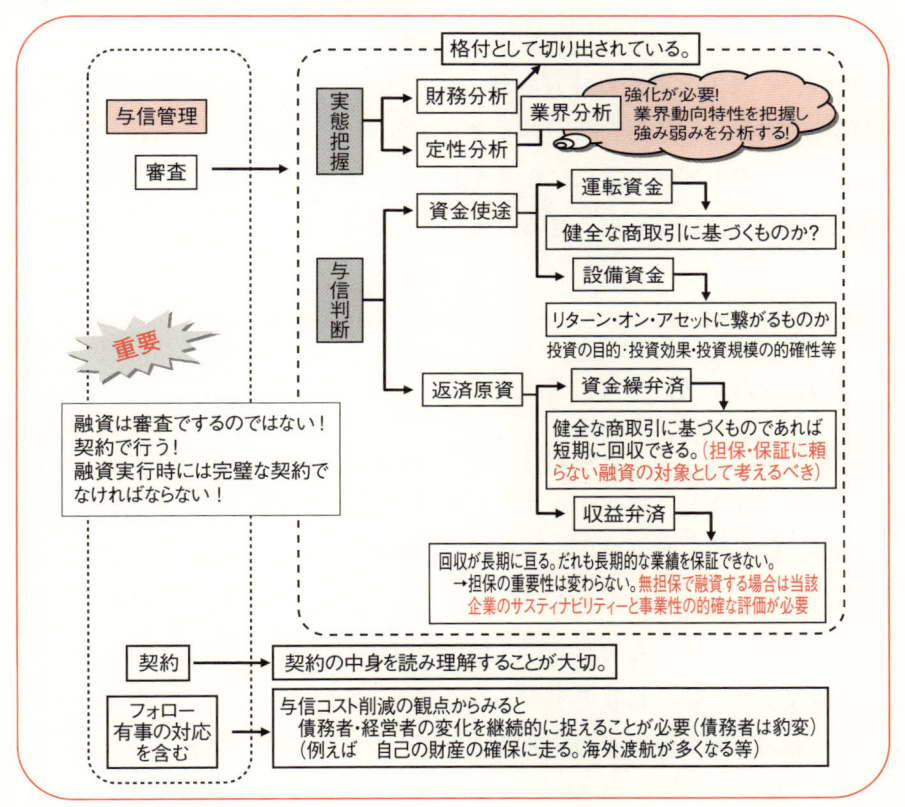

督指針）」や「経営者保証に依存しない融資の一層の促進（2013年経営者保証に関するガイドライン）」等の方針が金融当局から示され、**地方創生への動きが加速**しています。金融機関に求められる「事業性評価に基づく融資」の推進もその一つです。

　金融機関が体力を失うと「金融仲介機能」を果たせなくなることは、北海道拓殖銀行等の破綻で、すでに我々は経験済みです。企業の属する産業の特徴・特質を理解した上で、該当企業の将来性を見通し、現状の数字に

偏った判断にならない融資推進が、金融機関の健全性を保つことにつなが
ります。これが、「事業性評価に基づく融資」の本質と言えます。

　短期での成果を求める体質が強いと、「融資残高を伸ばすという数値目
標が目的化」し、与信判断が甘くなりがちです。ひいては金融機関の体力
を消耗し、本末転倒の結果になりかねないことを肝に銘じましょう。手段
の目的化は、本質を見失わせることへとつながります。

--- ヒント ---

手段の目的化

　営業店には、様々な数値目標が与えられます。一般に、数値目標
が与えられると、達成することが目的となってしまい、結果的に取
引先に寄り添った営業になっていないのではないか、という反省が
金融モニタリングレポート（2015／7）で示されています。一部で、
ノルマの全廃を打ち出している地域金融機関が出ていることは、皆
さんもご存じのとおりです。

　本来、地域金融機関の目的は、良質な資産を積み上げ、その結果
として適正な利益を得て健全性を確保し、地域経済に貢献すること
にあります。数値目標は、その目的を実現するための手段にすぎま
せん。一方で、数値目標がない状況では経営計画そのものが成り立
ちません。

　ノルマの全廃を議論する前に、手段が目的化してしまう企業文化
の改革に取り組むべきでしょう。

第5節　契約書取扱いの重要性

　融資事務の多くは融資係で行いますが、**契約書締結は、渉外担当者も避けて通ることができません。**渉外担当者が取引先に出向き、契約をいただくことが多いはずです。一度で、完全な契約書を締結することは、お客さまからの信頼獲得と、アボイデッド・コストの回避につながります。本節では契約書徴求時の留意点について解説します。

　融資は契約書で行います。稟議は融資してよい先かどうかを判断しているにすぎません。契約書をお客さまに書いていただき、契約を締結した後に、稟議が否認された場合であっても、契約は成立しているため、金融機関には、契約書どおりに融資を実行する義務が生じます。融資事故が起こった場合、契約書に不備があると債権の存在自体が否定されかねない事態に発展する場合があります。あなたの**責任問題に発展**する場合もあります。疎かにはできません。

（1）稟議承認前の契約書締結はリスク

　稟議の結果が出る前に、債務者側と契約書を締結したとします。契約はすでに完結しているため、仮に**稟議が否決されても、金融機関側は契約どおり融資を行う義務**が生じます。

　工場用地取得のための手付金を差し入れたが、稟議の否決で融資が下りなかったと仮定します。企業側は決済できず、実損（手付が流れる）が生じることになります。このような場合に訴訟に持ち込まれると、確実に金融機関側は敗訴し、損害賠償責任を負うことになります。

　渉外は、数値目標を持って忙しく飛び回っています。「稟議の承認は下りてないが、時間がない…、少し早いが先に契約書をもらっておこう」と

いう気持ちになりがちですが、大きなリスクがあるということです。

契約書の締結まで至っていないが、契約書用紙を**相手側に手渡しただけで融資予約**と受け取られる場合もあります。面前自署が原則ですので、このようなことはないと思いますが、知っておいてください。

（2）契約書の中身を理解する

融資に関連し様々な契約書があります。金銭消費貸借契約書のように、これだけで独立した契約として扱うことが可能な契約書もあれば、限定根保証契約のように、銀行（信用金庫等）取引約定書等の基本契約が必要となる契約書もあります。契約の体系を理解しておくことが失敗しないための第一歩です。

契約書の体系について知識を身に付けておくことが大切です。

（3）事前準備の重要性

契約をいただく前に、事前に記載内容を確認し、**シミュレーションする**ことも大切です。お客さま側に記入してもらう箇所の確認、金融機関側で事前記入しておくべき内容（返済条件、金利等々）の確認は、必ず行うべきです。署名捺印をいただいた後、自店に持ち帰って記入すればよいと思っている方が多いようですが、**間違いのもと**です。記入の失敗が起こり、補正しなければならないという事態は、アボイデッド・コストにつながります。最初に完璧にしておきさえすれば、補正の必要はなく、補正に回る時間を営業推進にあてることができます。

捨印をもらっておけば、後に補正が可能と考える人がいます。金融機関によっては、公然と契約書に捨印をいただく欄を設けているところもあります。**捨印をもらうということは、白紙委任状をもらうと同じくらいの重さ**があります。お客さまにとっては途轍もなく大きなリスクです。このよ

うなことをしていては、とてもお客さまの信用と信頼を勝ち得ることができるとは思えません。考えたくもありませんが、簡単に不正につながります。

（4）面前自署の原則

　契約書を書いていただく時は、**職員の目の前で自署**していただくことが原則です。これを**面前自署**と言います。お客さまの借入の意思、保証参加する意思等の確認を行う意味もあります。

　必ず、目の前で本人に記入いただくことが大切です。時間がかかっても、印鑑証明書を目の前に置いて、確実に記入いただき、その場で確認することが大切です。

　面倒くさい仕事をさっさと片付けると、相手から見るとかっこよく、できる銀行員に見えます。しかし、後で補正をお願いするほどかっこ悪いことはありません。**信頼も失う**ことになります。

（5）重要不備の補正

　補正のリスクを最小限に抑えるため、金融機関側で記入すべきところは事前に準備しておくべきです。一方、お客さまが誤って記入されてしまう場合があります。

　債権額、保証限度額、担保設定額は決して訂正しては**なりません。債権の存在そのものが否定される**ことになりかねません。名前の訂正もそうです。訴訟になると、本人が借入（保証）等の意思をもって行った行為であるなら、間違えるはずがないということになってしまいます。

　必ず、書類を新しくいただき直す必要があります。

（6）軽微な不備補正

① 印鑑を誤って押した場合

　誤って押された印鑑は「×」もしくは「二重線」で消し、重ならないように正しい印鑑を押すことで、補正します。「誤った印鑑を重ねて押して、正しい印鑑を横に押す」ことで、印鑑の訂正を行う方がいらっしゃいます

図表Ⅰ－6　印鑑を誤って押した場合の適切な補正方法

誤った押印は×印もしくは二重線で消去し、重ならないように正しい印鑑を押印する。

A	やってはならない!	誤印誤印	正印	押換印鑑
B	正しい補正	誤印	正印	×印もしくは 二重線で消す

　誤って押した印鑑の印影がわかることが必要（債務者と行員が通謀した場合、容易に不正につながる）。

　上記Aを考えてみましょう。
　　1．融資実行時は正しい印鑑が押されており、契約書は完全なものであった。
　　2．銀行内部に債務者と通謀する者がいて、隙をみて押換印鑑で元の正しい
　　　　印鑑の判別が困難なように細工し、違う印鑑を押印する。
　　3．銀行内部の細工が整ったところで、債務者が現れ印鑑の違いを指摘し、
　　　　債務の存在を否定する。
どうでしょうか。これで事故になります。
もしあなたが、厳格な事務を行うという信頼感のある行員であったら、あなた以外がこのような細工をして事件に巻き込まれたとしても、あなたが疑われることはないでしょう。厳格な事務処理を行うことはあなたの身を守る事にも繋がります。

> 印鑑は、何処にも重ならないように押すことが重要です。

が、厳禁です。押換印鑑といって預金払戻請求書では、認めていないはずです。融資契約書で許されるはずがありません。間違った印影の上に重ねて押印することで、最初に押された印影が判別不能となり、証拠としての価値を失うことになります。押換印鑑を認めると、職員が外部とつるんだ場合に簡単に不正を行えることを知っておきましょう（図表 I − 6 参照）。

②　記載内容の訂正

　地方に行くと、地番と住居表示が異なる場合がよくあります。また、通称名が一般に用いられて、郵便は通称名で届いているという場合もあります。このような場合、印鑑証明を目の前に置いて本人に記入いただいても、うっかり書き始めて気が付くということがよくあります。このような軽微な補正の場合は、わざわざ契約書を改めて新しいものに取り換える必要はありません。しかし、訂正方法にはルールがあります。

　よく行われる誤りがあります。間違えたところに二重線を引き、その上に印鑑を押すというやり方です。あとから二重線を伸ばすことが可能ですし、印鑑の押されたところは、もともと書かれていた文字が不鮮明になるということもあります。預金払戻請求書の押換印鑑と同様に、証拠として

図表 I − 7　記載内容を訂正する適切な方法

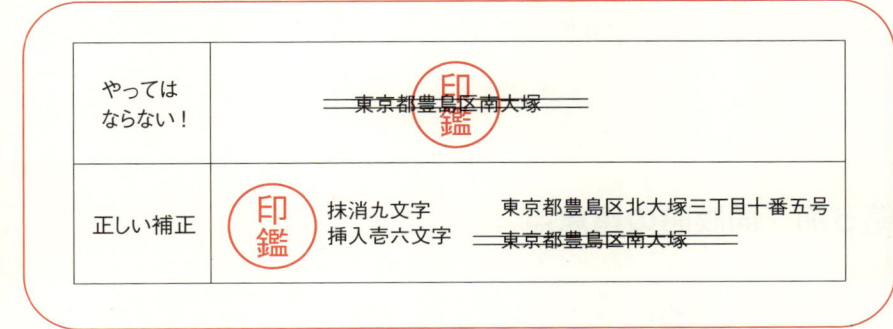

43

の価値を著しく損なうことになります。

正しい訂正の仕方は次のようになります。

1. 誤った場所に二重線を引き、その上に正しく書き直す。

2. 余白に実印をおし、実印横に、抹消〇〇文字、挿入〇〇文字と記載する。

3. 訂正した文字数は改ざんのリスクを避けるため、漢数字で行う。

（7）意思確認の重要性

借入意思、保証意思の確認は必ず記録に残しましょう。面前自署の原則に加え、意思確認が十分に行われてない場合、**将来の否認につながるリスク**があります。できるだけ詳細に記録しておく必要があります。いつどこで誰が立ち会い、どのような話をしたのか（世間話等でも記録しておくとよい）を記録し、後日の争いに備え、**証拠としての価値**があるようにしておくことが大切です。具体的な記述がされた記録は、訴訟になった場合に、有力な証拠として採用されることもあります。

「何月何日、相手事務所応接室で面前自署、意思確認済み」といった、定型の記述で終わらせている確認書を見かけますが、実際に争いとなった場合、確実に金融機関側の主張は否定されます。

本件のみならず、日頃から、記録をしっかり残す仕振りがあれば、あなたの残した記録が裁判で証拠として採用され、あなたの身を守ることにも繋がります。

第6節　面談時の留意点

企業に訪問する場合に心がけるべき基本が3つあります。①キーマンと

図表Ⅰ－8　企業訪問時の基本

留意点	知っておこう！	配慮しよう！
キーマンと交渉しよう！ ○日頃からキーマン（決定権を持つ人）が誰かを把握しておく。 ※交渉相手の行為能力や代表権の有無の確認は基本事項	○「話が進展しないとき」「社長まで話が通らないとき」は、下記を見直そう！ ・交渉相手を間違っている可能性がある。 ・特に提案内容に自信があればその可能性が高い。 ※中小企業の場合トップダウン型の経営者が多いことに注意しておこう。	○トップと交渉する場合、支店長に出馬願うなど礼儀への配慮も必要。 ※現場担当者から反発（頭越しにやられた！）を買わないように根回しなど、事前の配慮も必要 ○「強引な『有無を言わせない』やり口」や一方的に銀行の都合を押付ける交渉は慎む。 ※相手のメリットを考えて実りのある提案を心がける。 ○自分で交渉する場合は権限を越える交渉はしない（判断できない場合は持ち帰る）
断る案件ほど早く回答しよう！ ○独断専行はしない！ ○クイックレスポンスが原則 ○後日の為に記録はこまめに残す！	○回答が遅れると顧客は不利になる！ ※謝絶が遅れれば資金調達の道を狭めることになり顧客には不利益となる！ ※審査が遅れたことにより取引先が資金繰りに窮したりすると信頼関係を損ねるだけでなく「貸し渋り」の批判を浴びる！	○稟議承認になって初めて取引先に回答するのが銀行のルール。 ※承認の見込が十分でない場合でも独断での回答は不可！ ※危うい案件ほど早く回答する必要があることに配慮しよう！
融資予約と受け取られる言動に注意しよう！ ○次の発言は禁句 ・「大丈夫です」 「必ずやります」 「間違いありません」 ○契約書・手形額の交付は稟議承認となってから！	○損害賠償請求訴訟に発展する場合もあることから特に注意する。 ※「融資を見込んだ受注」や「不動産購入の手付けの支払」等	○個人的見解を述べただけでも取引先に誤解を与えることがあることに配慮しよう！ ※「たぶん融資は大丈夫でしょう」との発言は当人からみれば個人的見解を述べただけかもしれないが、銀行を代表した立場にあることを忘れてはならない！

交渉する、②断る案件ほど早く回答する、③融資予約と受け取られる言動に注意する、の3点です。

（1）キーマンとの交渉

　渉外活動を行う場合、決定権のある人物（実権者）と面談し交渉するのが基本です。一方で、企業の規模、ライフステージによって、担当者では

直接実権者と面談できず、経理担当者がせいぜいであるということがよくあります。このような場合であっても、必要なことは速やかに実権者につなぐことのできる人物と交渉すべきです。このような人物をキーマンと呼びます。

自信のある提案を行ったのに、経営者に話が通らないという場合、交渉相手が間違っている場合があります。キーマンが違うということですが、簡単に相手窓口を変えるわけには行きません。いかに実権者と話をする場を見つけるか…がポイントとなります。支店長を上手に使いましょう。

（2）断る案件ほど早く回答

面倒なことや難しいことについて、人は、つい後回しにしてしまいがちですが、銀行員には許されません。

融資案件に接した場合、回答が遅れると**「顧客には不利に働く」**ことになります。謝絶が遅れれば**「資金調達の道を狭める」**ことになり、**「下手をすると倒産」**という事態も想定されることを肝に銘じましょう。審査が遅れたことにより取引先が資金繰りに窮したりすると、信頼関係を損ねるだけでなく「貸し渋り」の批判を浴びることになりかねません。結局は危険な融資を実行しなくてはならなくなることも想定できます。

（3）融資予約にとられる言動に注意

経験の少ない若い銀行員であっても、お客さまから見ると、銀行を代表している立場です。**個人的な見解を述べただけでも、取引先に誤解を与える**ことがあります。

「たぶん大丈夫でしょう」等の発言は、皆さんから見れば、「確定したことを言っているわけではない」ということかもしれません。しかし、取引先からすると、銀行を代表した者の発言と受けとめます。言い換えると一

種の**融資予約の成立**です。この発言に基づいて土地の手付を支払ったあと、融資が断られたような場合、取引先に実損（手付流れ）が生じますので、**訴訟になれば敗訴**する可能性が高いでしょう。損害賠償責任が発生するということです。

　融資予約に関して付け加えれば、前述のとおり融資契約書を取引先に交付しただけで融資予約ととられるケースがあります。稟議の承認に時間がかかっていて、「承認後の契約書締結では時間の余裕がないから、事前にもらっておこう」という取扱いは非常に危険です。やるべきではありません。

　なお、融資を断る場合も含めて、決裁権限者でない皆さんが、独断で判断を行ってはなりません。決裁権限者の決定が出てから、伝えるべきです。決して忘れてはならない鉄則でもあります。

第1章　まとめ

① 日頃の業務を見直すとアボイデッド・コストは意外に多い

② 自分が失敗しやすいパターンを知ることで、アボイデッド・コストの
　削減は可能となる

③ 鉄則が身を守る

④ 融資は契約で行う

⑤ 記録は丁寧に残す

⑥ キーマンと交渉する

⑦ 断る案件ほど早く回答

⑧ 融資予約と受け取られる言動には注意

第2章

決算書速読法

筆者が銀行に入行したころとは違い、現在では十分にジョブローテーションを積まないうちから渉外に出され、苦労している若手職員が多いように感じます。保証協会付融資のお願いが外交の中心とならざるをえず、プロパー融資には尻込みをしてしまうのも無理からぬことです。

　銀行は、通信講座、検定試験で、ジョブローテーションの不足分を補おうとしますが、試験に合格するために得た知識となりがちです。実戦で使えるまで消化できているとも思えません。

　決算書をお客さまからいただく時が、経営者と最も話ができる時です。しかし、一般にはデリバリーにとどまっているケースが多いように見受けます。経営に対する考え方、方向性等を聞ける絶好のチャンスですが、残念ながら、支店に持ち帰り、本部に送り込んで終わり…、といった姿が目に浮かびます。できればなにがしかのコメントを、コメントまでは無理としても、その場で目を通し、決算について話題にし、当社を理解しようとする姿勢を見せるのは、**大切な礼儀**でもあり、**信頼を勝ち得る近道**です。

　本章では、細かな財務知識がなくとも、決算書を速読できる手法について解説します。少しばかり練習することで、取引先を理解しようと努力している姿を、アピールできるはずです。特別な**簿記知識や財務分析知識を必要としているわけではない**のです。

第1節　B／SとP／Lの関係を理解する

　B／SとP／Lの関係は、「企業の活動」と「企業の利益」ということから考えると理解しやすいと思います。

　企業活動とは調達した資金（自己資金と負債（借入等）で調達します）で資産を準備し、その準備した資産を活用し、利益を出す活動をいいます。

一方、企業の利益とは、資産を活用して得られる収入から、かかった費用を差し引いたものが利益です。

　会社を設立した瞬間は、営業活動を行っていないため、P／Lはありません。会社がスタートすると、営業が開始され、収入が得られ、費用が発生することになります。残った利益を期初の資本に加えることで、決算第

図表Ⅱ－１　Ｂ／ＳとＰ／Ｌの関係

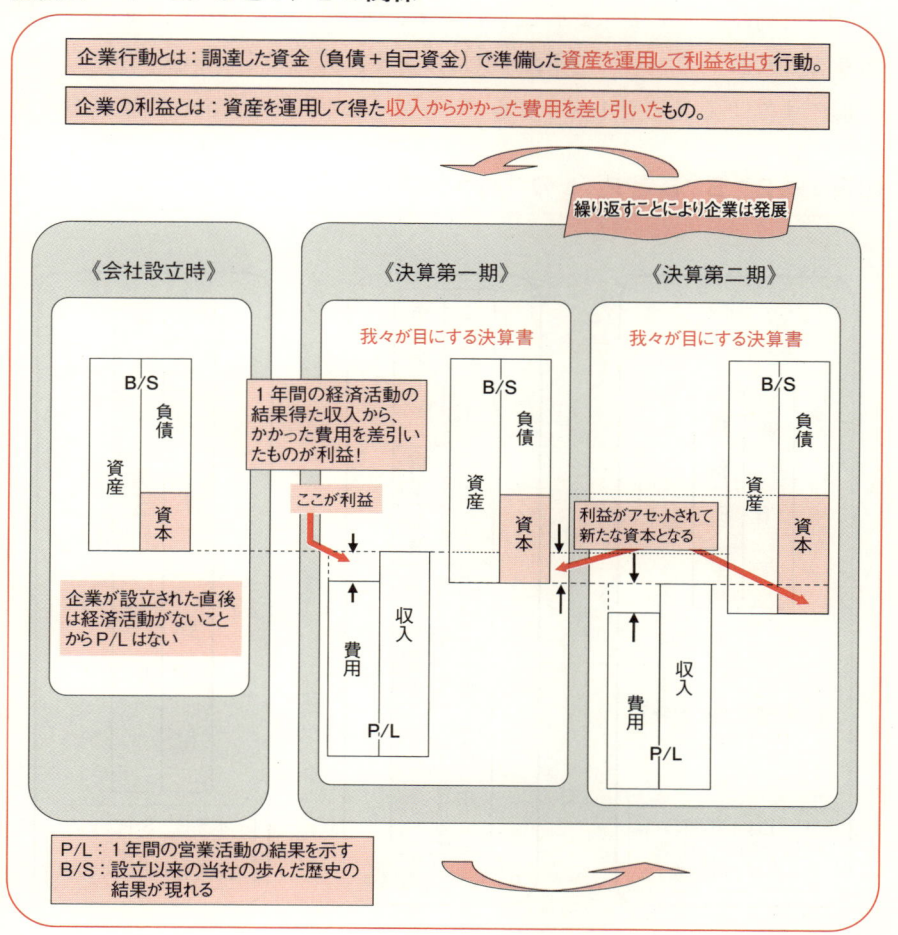

企業行動とは：調達した資金（負債＋自己資金）で準備した資産を運用して利益を出す行動。

企業の利益とは：資産を運用して得た収入からかかった費用を差し引いたもの。

繰り返すことにより企業は発展

《会社設立時》　　　　　　《決算第一期》　　　　　　《決算第二期》

我々が目にする決算書　　　　　　我々が目にする決算書

B／S　負債　資産　資本

１年間の経済活動の結果得た収入から、かかった費用を差引いたものが利益！

ここが利益

企業が設立された直後は経済活動がないことからP/Lはない

B／S　負債　資産　資本

利益がアセットされて新たな資本となる

B／S　負債　資産　資本

費用　収入　P／L

費用　収入　P／L

P/L：1年間の営業活動の結果を示す
B/S：設立以来の当社の歩んだ歴史の結果が現れる

2期に臨む資産が決まります。決算第2期が始まれば、再び収入が得られ、費用が発生します。その差額の利益を期初の資本に加えることで、決算第3期に向けた準備ができたことになります（図表II－1）。会社はこれを繰り返すことで成長していきます。

　少し図解を変えてみます。図表II－2は図表II－1と同じことを示していますが、理解が深まると思います。

　（ア）図は会社設立時を示しています、営業はしていないためP／Lはありません。一方、（イ）図は日頃目にする決算書のB／S（上）P／L（下）の形です。よく見るとB／SにもP／Lにも、同じ大きさの利益があるこ

図表II－2　B／SとP／Lの「バランス」

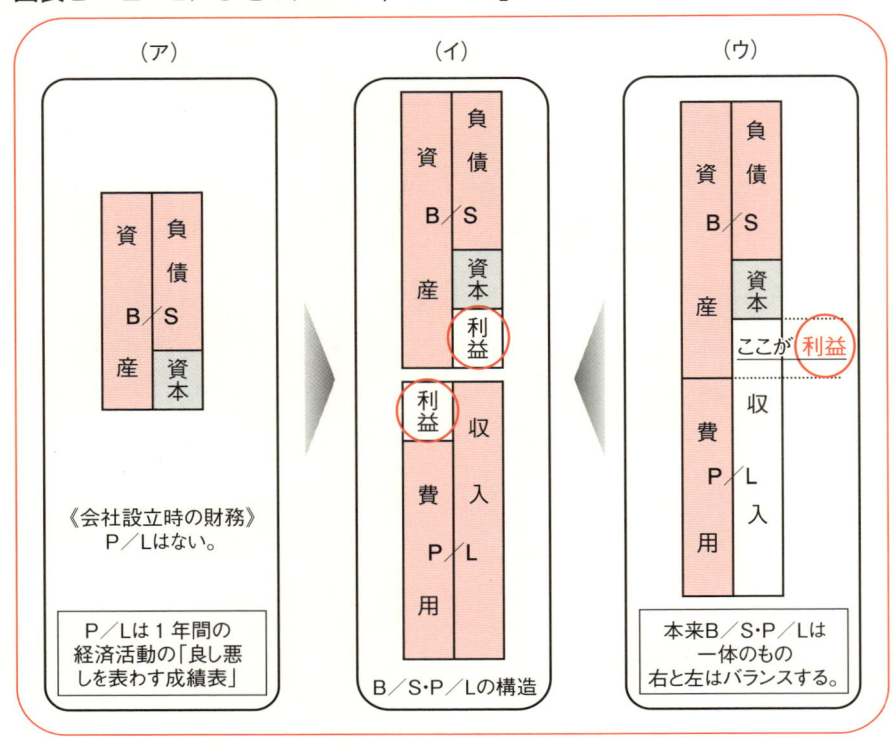

とがわかります。この利益を切り取って重ねて見ると、（ウ）図のように、B／SもP／Lも実は一体であることが理解できます。これがバランスの本来の意味です。

　少し詳しく言うと**「期末の資産」に「その期の費用」を足したものが「期末の負債」に「期初の資本」と「その期の収入」を足したものにバランスしている**ということになります。この図式が理解できると、粉飾の多くは同じパターンで説明がつきます（弊著「ベテラン融資マンの知恵袋」第2章）。

「期末の資産」＋「その期の費用」
　＝「期末の負債」＋「期初の資本」＋「その期の収入」

第2節　流動性の原則とワン・イヤー・ルール

　決算書を速読するには流動性の原則と「ワン・イヤー・ルール」の理解が必要です。

　一般にB／Sは、資産の中で、お金（現金）に代わるのが早いものから順番に並んでいます。現金はすでに現金化しているわけですから、一番上にくるわけです。負債・資本についても同様です。現金で支払う時期が早く来るものから順番に並んでいます。資本は自己資金ですから支払う必要はありません。だから一番下にあるわけです。このルールを「流動性の原則」と呼びます。

　一方で、便宜的に1年（ワン・イヤー）を区切りに、1年以内に現金化するものを流動資産と呼び、現金化するのに1年以上を要するものや、1

図表Ⅱ-3　流動性の原則とワン・イヤー・ルール

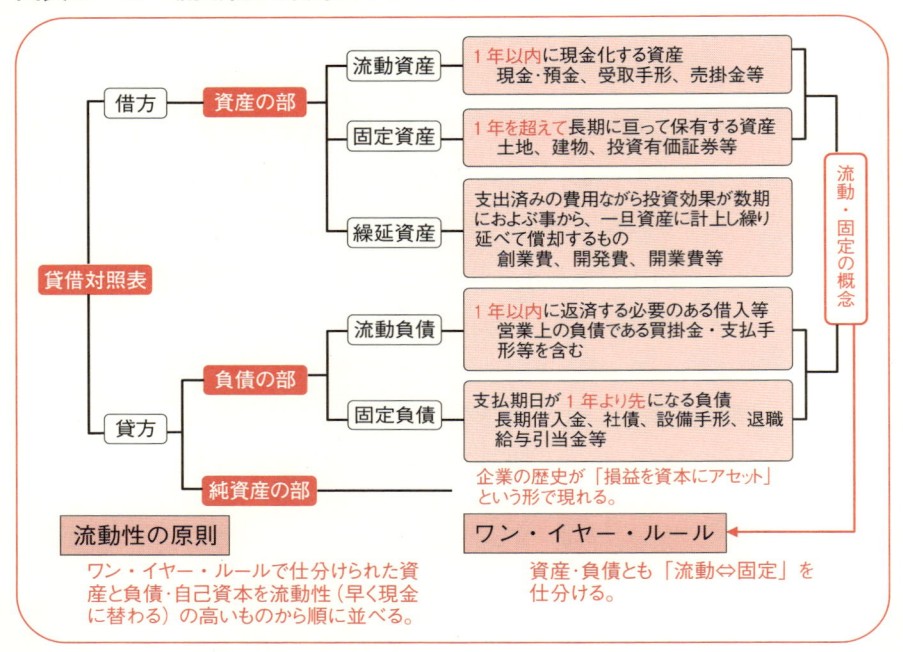

年を超えて手元に持っておく資産（投資有価証券、工場敷地建物、本社敷地建物等）を固定資産と呼んでいます。負債についても同様です。1年以内に支払わなくてはならない負債を流動負債と呼び、長期借入金のように1年を超えて借りておけるようなものを固定負債と呼んでいます。

　会社の決算は1年ごとに行われることが多いことから、**流動性の原則とワン・イヤー・ルールは、企業の短期および長期の経営の安定度を把握するのに、都合の良いルール**とも言えます。

図表Ⅱ－4　B／Sを見るポイント

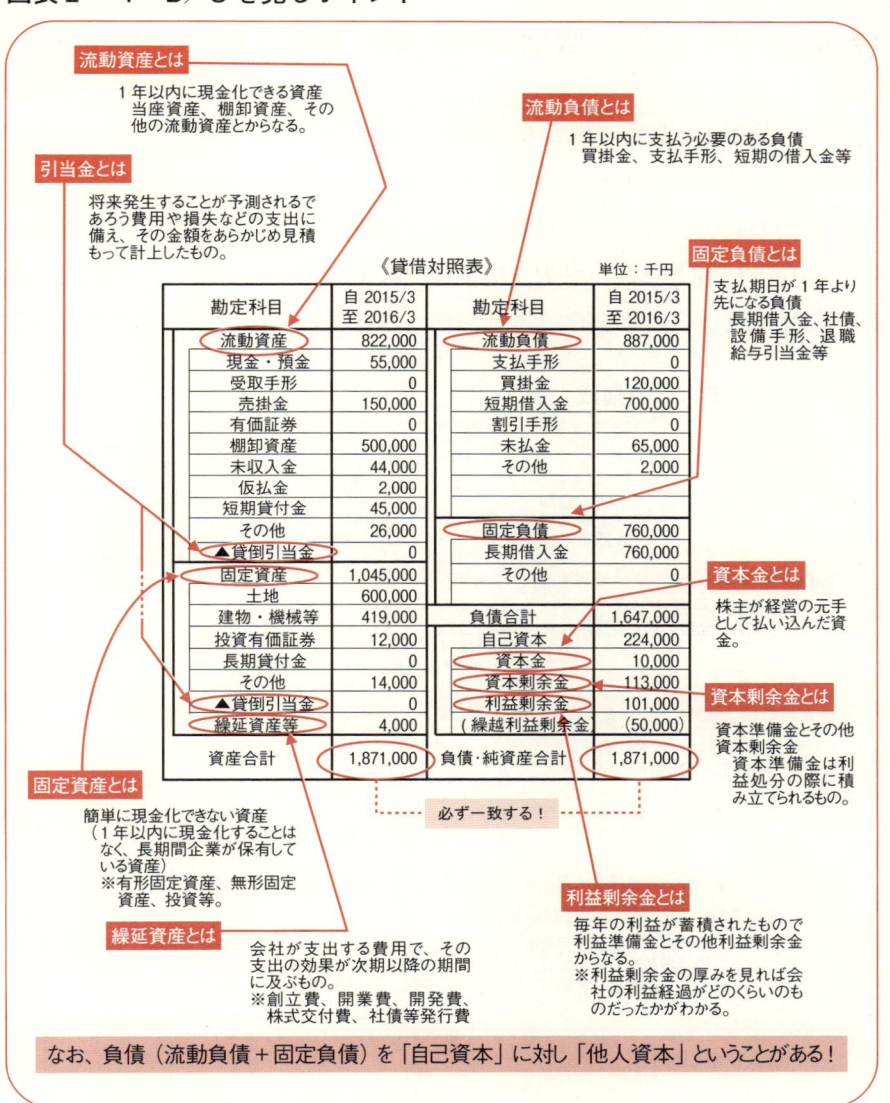

流動資産とは
1年以内に現金化できる資産
当座資産、棚卸資産、その
他の流動資産とからなる。

流動負債とは
1年以内に支払う必要のある負債
買掛金、支払手形、短期の借入金等

引当金とは
将来発生することが予測されるで
あろう費用や損失などの支出に
備え、その金額をあらかじめ見積
もって計上したもの。

固定負債とは
支払期日が1年より
先になる負債
長期借入金、社債、
設備手形、退職
給与引当金等

《貸借対照表》　　　　　単位：千円

勘定科目	自 2015/3 至 2016/3	勘定科目	自 2015/3 至 2016/3
流動資産	822,000	流動負債	887,000
現金・預金	55,000	支払手形	0
受取手形	0	買掛金	120,000
売掛金	150,000	短期借入金	700,000
有価証券	0	割引手形	0
棚卸資産	500,000	未払金	65,000
未収入金	44,000	その他	2,000
仮払金	2,000		
短期貸付金	45,000		
その他	26,000	固定負債	760,000
▲貸倒引当金	0	長期借入金	760,000
固定資産	1,045,000	その他	0
土地	600,000		
建物・機械等	419,000	負債合計	1,647,000
投資有価証券	12,000	自己資本	224,000
長期貸付金	0	資本金	10,000
その他	14,000	資本剰余金	113,000
▲貸倒引当金	0	利益剰余金	101,000
繰延資産等	4,000	（繰越利益剰余金	(50,000)
資産合計	1,871,000	負債・純資産合計	1,871,000

必ず一致する！

資本金とは
株主が経営の元手
として払い込んだ資
金。

資本剰余金とは
資本準備金とその他
資本剰余金
資本準備金は利
益処分の際に積
み立てられるもの。

固定資産とは
簡単に現金化できない資産
（1年以内に現金化することは
なく、長期間企業が保有して
いる資産）
※有形固定資産、無形固定
資産、投資等。

繰延資産とは
会社が支出する費用で、その
支出の効果が次期以降の期間
に及ぶもの。
※創立費、開業費、開発費、
株式交付費、社債等発行費

利益剰余金とは
毎年の利益が蓄積されたもので
利益準備金とその他利益剰余金
からなる。
※利益剰余金の厚みを見れば会
社の利益経過がどのくらいのも
のだったかがわかる。

なお、負債（流動負債＋固定負債）を「自己資本」に対し「他人資本」ということがある！

第3節　P／L にも修正を加える見方が必要

　P／L は収益力を見る重要な資料です。しかし、公表された P／L が正しくその企業の収益力を示しているとは限りません。

　本当の収益力とは、その期にしか発生しなかったような収入とか費用を差し引いた収益力を言います。例えば、経常利益が20百万円の公表決算書があるとします。この期に、本社面前の道路が拡張になり、当社の敷地の

図表Ⅱ－5　P／L の構成

売上高				材料費 労務費 経費 　減価償却費 　修繕費 　その他経費
売上原価	（販売業） 期首棚卸 当期商品仕入高 ▲期末商品棚卸高	（製造業） 期首製品棚卸高 当期製品製造原価 ▲期末製品棚卸高 →		

売上総利益（企業の直接的営業活動から発生する利益）

販売費・一般管理費　　　　　　人件費
（営業全般にわたる費用）　　　租税公課
　　　　　　　　　　　　　　　減価償却
　　　　　　　　　　　　　　　その他営業全般にかかる費用

営業利益（営業全般にわたる費用を控除した利益、いわゆる本業が生み出す利益）

営業外利益（本業以外　　　　　受取利息および割引料、受取配当金、
　に発生する恒常的な収入）　　仕入割引、有価証券売買益等

営業外損失（本業以外　　　　　支払利息および割引料、社債利息、社債発行差金償却、
　に発生する恒常的な支出）　　売上割引、有価証券売却損、繰延資産償却等

経常利益（企業の正常な経済活動に基づく期間損益、1年間の通信簿と言われる）

特別損益（臨時損益および前期損益修正）
　　　　臨時損益：固定資産売却損益、転売目的以外で取得した有価証券売買損益、災害損失等
　　　　前期損益修正：過年度の負債性引当金の過不足修正額、減価償却の過不足修正額、
　　　　　　　　　　　棚卸資産評価の訂正額、過年度償却債権の取立額等

税引前当期利益

法人税等充当額

当期利益

配当金

社外流出後利益（内部留保）

> 我々が企業の実力を測るために知りたい収益力はここ

利益の見方

> 単年度の経済活動で得られる利益を見たい！
> （特殊要因を除く実力を見極める）
>
> 特殊損益が大きく法人税等充当額に影響がある場合考慮が必要
>
> 特殊損益の判定は慎重に行う。

一部が収用され、補償金が30百万円入ったとします。収用になった土地の簿価は１百万円であるとします。差額29百万円は、本来、固定資産の売買益として特別収益（利益）に計上されるべきものです。しかし、これが、営業外収益（利益）に計上されていたらどうでしょう…。

　当社の本当の経常利益は▲９百万円であり、実際は、経常利益の出ていなかった、経常赤字の会社であったということになります。

第４節　決算書速読法

　ワン・イヤー・ルールと流動性の原則を踏まえ、図表Ⅱ－６および図表Ⅱ－９に示す公表決算書の速読を行ってみましょう。当社は物品販売業です。公表決算書では、恒常的に獲得できる見込みのある利益は経常利益の30百万円であると主張しています。B／S、P／Lともに、下から見ていくのが基本です。

（1）P／L速読法

　P／Lを分析する目的は当社の持つ正味の収益力とキャッシュフローを見極めることにあります。その期にしか発生しなかったような収入と費用を除いて考える必要があることは前節で述べたとおりです。

①　税引前当期利益と法人税充当額のバランス

　まず最初に、税引前当期利益と法人税のバランスを見ます。

　税引き前当期利益に対し、法人税の支払額が極端に少ない場合、次の２点が疑われます。一つは、支払った税金に見合った利益しか出ていなかった疑いです。もう一つは、過去に大きな赤字が計上されており、繰越欠損の特例が適用されている場合です。後者は、過去の決算を遡ってみれば容

図表Ⅱ－6　事例の公表P／L

１年間の企業の損益

《損益計算書》

単位：千円

期別 科目	自　2015/3 至　2016/3
【売　上　高】	2,400,000
商品売上高	2,400,000
その他収入	0
【売上原価】	1,700,000
期首棚卸高	400,000
商品仕入高	1,800,000
当期製品製造原価	
期末棚卸高	500,000
売上総利益	*700,000*
【販売費及び一般管理費】	640,000
役員報酬	56,000
人件費	324,000
減価償却費	55,000
地代家賃	25,000
租税公課	10,000
その他	170,000
営業利益	*60,000*
【営業外収益】	*40,000*
受取利息・配当金	8,000
その他	32,000
【営業外費用】	70,000
支払利息・割引料	50,000
その他	20,000
経常利益	*30,000*
【特別利益】	60,000
固定資産売却益	60,000
その他	0
【特別損失】	0
固定資産売却損	0
その他	0
税引前当期利益	90,000
【法人税等充当額】	40,000
当期純利益	*50,000*

易に判定できます。

図表Ⅱ－6を見ると、税引前当期利益90百万円に対し、法人税等充当額が40百万円であり、速読段階では取り立てて問題にする必要はなさそうです。

なお、中小企業の実効税率は課税所得に対して15％～20％前後であると言われますが、金融機関が判断する場合、公表決算書の税引前当期利益の40％程度で見ておいてかまいません。費用の損金不算入等があり、結果的にこのくらいの税金がかかっている場合が多く、大きな間違いはありません。細かく課税所得を別表で計算する意味は、金融機関にとってあまりないといえます。金融機関は税金計算をしているのではなく、対象企業が、良い方向に向いているのか、悪い方向に向いているのかをつかむことが大切です。

②　特別損益

次に特別損益に目を移します。本ケースでは固定資産売却益が60百万円計上されています。当社は物品販売業であることから固定資産の売却が毎年恒常的に行われ、当社のキャッシュフローに寄与することはありません。よって今期にしか発生しなかった特別な収入として、特別利益に計上され

ていることに問題はありません。

　一方で、当社が小口のスーパーを展開しており、スクラップ＆ビルドを繰り返すビジネスモデルの会社であったと仮定し、固定資産除却損が特別損失に計上されていたとしたら、いかがでしょうか。当社は毎年恒常的に、固定資産除却損を計上しているはずであり、一定額を恒常的に発生する費用として見積もる必要があるはずです。とすると、特別損失に計上するのは間違いで、恒常的に発生が予測される営業外費用に計上されるべきものということになります。**本来の収益力が過大に見せかけられている**ことになります。

③　営業外収入・費用

　営業外収入・費用に目を向けてみましょう。収益力を保守的に見る観点から言うと、営業外費用について神経質になる必要はありません。一方で、営業外収入について詳細に分析する必要があります。

　目に付くのが、営業外収益の「その他」に計上された「32百万円」です。いただいたはずの科目明細の中に記載されているはずですが、聞いてあげましょう。決算書を手に持ってお話させていただいているのです。失礼でもなんでもありません。決算書をいただいたその場で聞かず、いったん持ち帰った上で、日を改めて聞きに行ったりしたら、相手経営者はどのように感じるでしょうか。**何か不審点でも感じて探りに来た…、と警戒される**ことになるかもしれません。

　正々堂々と聞いてあげましょう。この場合、社長から「30百万円は有価証券の売却益だよ」と回答を得たとしましょう。不思議ですね。当社は物品販売業であり、有価証券を恒常的に売買している会社ではありません。であるにもかかわらず、毎年恒常的に期待できる収入として営業外収益（利益）その他に計上されているのです。実際の収益力を水増ししていることになります。当社の決算書では、**経常利益が30百万円であった企業である**

図表Ⅱ－7　事例における公表P／Lと修正P／L

	公表P／L	修正P／L
営業利益	60,000	60,000
営業外収益	40,000	10,000
受取利息等	8,000	8,000
その他	32,000	2,000
営業外費用	70,000	70,000
支払利息等	50,000	50,000
その他	20,000	20,000
経常利益	30,000	0
特別利益	60,000	90,000
固定資産売却益	60,000	60,000
その他	0	30,000
税引前利益	90,000	90,000

経常利益
0円の会社

と主張しているわけですが、他におかしなところがないと仮定しても、実は**経常利益が「0円」であった**ということになります（図表Ⅱ－7）。

　なお、この場合、当社のキャッシュフローは、次の算式で計算できます。ただし、他におかしなところはないという前提です。

（正味経常利益）×（1－実効税率）＋（減価償却実施額）

$$＝0×（1－0.4）＋55百万円＝55百万円$$

（注）実効税率40％で見る理由は、前述のとおりです（58頁参照）。

　ただし、留意しなければならない点があります。営業外収益（利益）の中に、特別利益その他で考えるべきものがあったと仮定します。その場で間違いを指摘したいところですが、気が付かない振りをして話を進めましょう。

　「特別利益に落として考えるべきですね…」などと、**決して言ってはなりません。**経営者が承知のうえでの操作であったとしたら、粉飾をその場で批判されたことになります。面白いはずがありません。

　一方で、経営者は深く考えずに税理士が行っていたとしても、自分の不

明を責められたと感じるかもしれません。

　今は、経営者から**情報を聞き出すことに専念**しましょう。経営者が壁を作ることにつながる発言は厳に慎むべきです。

④　売上の推移と在庫水準

　もう少しＰ／Ｌの上に目を移しましょう。原価を見てみると、在庫に違和感があります。本来なら前年度の売上推移を頭に入れて、社長と面談したいところですが、忘れていてもかまいません。聞いてみましょう。「去年と比べて売上高がどうであったか…？　在庫が増えている理由は…？」率直に聞いてあげましょう。

　もし、売上が去年並みであるとしたら、在庫が期初から１億円増加しているのが気になります。今後の売上もこれまでと大きく変わらないとすると、１億円在庫を増やした理由がありません。利益調整に使われた可能性が高いと言えます（図表Ⅱ－８）。

　もしそうであれば、当社の決算はさらに悲惨なものとなります。実質的な経常利益は▲１億円である可能性があるということです。とすると、投資

図表Ⅱ－８　在庫数値を使った利益調整のロジック

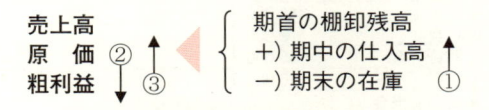

期末在庫を増やせば（①）、原価が下がり（②）、粗利が増えた（③）ように見える。

売上高
原　価　②↑
粗利益　↓③

｛期首の棚卸残高
＋）期中の仕入高
－）期末の在庫　①

必要以上の在庫を仕入れるリスク

※必要以上の在庫を持った場合のリスクは大きく、まともな経営者は理由なしに在庫を増やすという行動はとらないもの
　1. 在庫を増やすには仕入資金の調達が必要　⇒　資金繰りを圧迫
　2. 資金を借り入れれば、金利が発生し収益（利益）を圧迫
　3. 売れ残れば不良在庫　⇒　実態赤字

有価証券を売却し、キャッシュ化した企業行動も理解できるかもしれません。

（2）B／S速読法

　ここでは、在庫を1億円増やす合理的な理由があったと仮定して話をすすめましょう。P／Lで計算したキャッシュフロー55百万円（60頁参照）を、いただいた決算書の片隅にメモをしておきます。

　B／Sを速読する場合も、P／Lと同様に下から見ていきます。

①　規模を確認する

　まず、総資産の大きさを確認しましょう。「大きいことはいいことだ…」と言っているわけではありません。しかし、資産の大きさ（資産合計）を意識することで、業界内でどの位置にある会社かをつかむヒントになります。ベンチマークは、680業種融資取引推進ガイド（銀行研修社）や業種

図表Ⅱ－9　事例の公表B／S

《貸借対照表》

単位：千円

勘定科目	自 2015/3 至 2016/3	勘定科目	自 2015/3 至 2016/3
流動資産	822,000	流動負債	887,000
現金・預金	55,000	支払手形	0
受取手形	0	買掛金	120,000
売掛金	150,000	短期貸付金	700,000
有価証券	0	割引手形	0
棚卸資産	500,000	未払金	65,000
未収入金	44,000	その他	2,000
仮払金	2,000		
短期貸付金	45,000		
その他	26,000	固定負債	760,000
▲貸倒引当金	0	長期借入金	760,000
固定資産	1,045,000	その他	0
土地	600,000		
建物・機械等	419,000	負債合計	1,647,000
投資有価証券	12,000	自己資本	224,000
長期貸付金	0	資本金	10,000
その他	14,000	資本剰余金	113,000
▲貸倒引当金	0	利益剰余金	101,000
繰延資産等	4,000	（繰越利益剰余金）	(50,000)
資産合計	1,871,000	負債・純資産合計	1,871,000

別審査事典（きんざい）等で手に入るケースがあります。また、TKCには、豊富なデータが蓄積されており、取引先の税理士に、協力いただくことも有効です。

②　自己資本の厚さを見る

自己資本比率を計算してみましょう。経営者の前で電卓を取り出して計算するといった失礼なことをする必要はありません。暗算で結構です。本事例の場合、総資産1,871百万円に対し、自己資本は224百万円です。10％は超えていますが、20％までありません。この程度の暗算で結構です。

むしろ大切なのは、ベンチマークです。「自己資本は厚ければ厚いだけよい」ということは誰でも知っている常識でしょうが、どの程度必要なのか…、というベンチマークを明確に持っている人は少ないと言えます。

公表決算書で自己資本が10％を下回る場合は問題があり、メーカーであれば20％から25％は欲しいところです。一方、商社のように**固定資産をあ**

図表Ⅱ－10　メーカー等の固定資産を多く必要とする業界

資産価値のある流動資産	
	1年以内に現金に代わる資産に裏付けされた負債
	回収の確率の高い優良な資産（不良化した物はないと仮定）

キャッシュフローで返済すべき債務

固定資産＋繰延資産	
	固定資産が大きい場合、安定した経営の為には大きなキャッシュフローが必要となる。よって公表段階で、20％～25％程度自己資本が必要と言える。
	自己資本

図表Ⅱ－11 商社等の固定資産をあまり必要としない業界

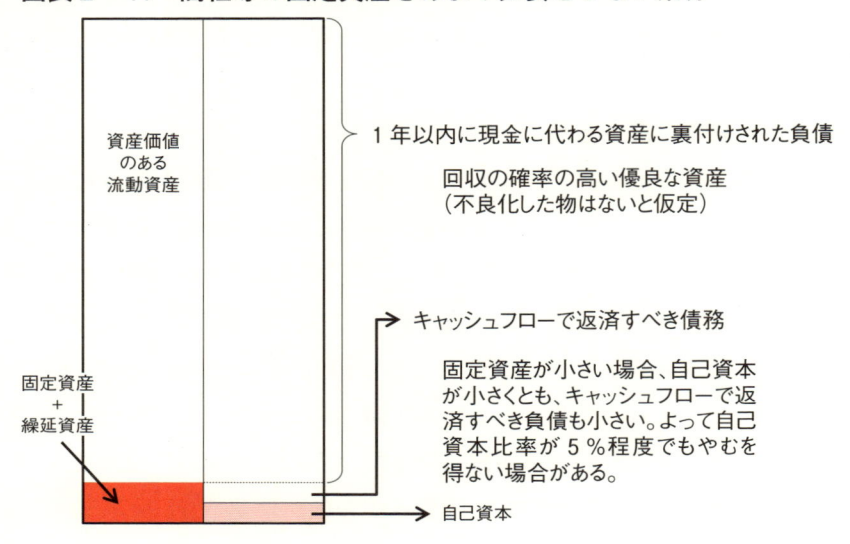

資産価値のある流動資産

1年以内に現金に代わる資産に裏付けされた負債

回収の確率の高い優良な資産
（不良化した物はないと仮定）

固定資産
＋
繰延資産

キャッシュフローで返済すべき債務

固定資産が小さい場合、自己資本が小さくとも、キャッシュフローで返済すべき負債も小さい。よって自己資本比率が5％程度でもやむを得ない場合がある。

自己資本

図表Ⅱ－12 事例におけるB／S

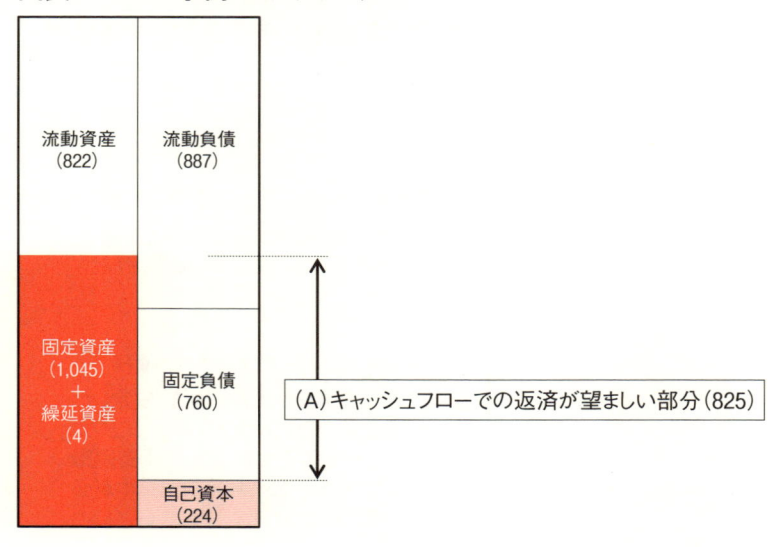

流動資産
（822）

流動負債
（887）

固定資産
（1,045）
＋
繰延資産
（4）

固定負債
（760）

(A)キャッシュフローでの返済が望ましい部分（825）

自己資本
（224）

まり必要としない業種の場合は5％程度でもやむを得ない場合があります。

本事例は自己資本比率12％であり、物品販売業でありながら固定資産が比較的大きいことを考えると、「問題あり」と目くじらを立てるほどではありませんが、十分な水準とは言えません。注意してヒアリングを進める必要があることが理解できます（図表Ⅱ-10、Ⅱ-11）。

③　中長期的な経営の安定性を見る

当社の中長期的な経営の安定性について、バランスシートを箱に置き換えて、考えてみましょう。

当社のバランスシートを箱で考えてみると、図表Ⅱ-12のようになります。物品販売業ながら、固定資産が大きな会社です。

当社にとってキャッシュフローで返済すべき負債は（A）の部分（825百万円）です。一方で、当社のキャッシュフローは、本節（1）③で計算したように55百万円です。以上から、不良化した流動資産がないという前提で、長期資金の債務償還能力は「15年」ということになります。

金融機関では、要償還債務のキャッシュフローによる償還年数が10年（統一的な基準はない）を超えると、要注意先の目線で債務者区分の検討を行うことが一般的なようです。

とすると、当社は決算書を速読する段階で、要注意先目線でヒアリングを進めていく必要があることがわかります。

本節（1）④で触れたように在庫増が利益水増しに使われているとしたら、当社の経営状況は深刻な状況に陥っている可能性が出てきます。

図表II−13　指標によらない考え方

指標によらず、「箱で考え、箱を使って」説明する！

　中長期的な経営の安定性を図る指標の一つとして固定比率があります。固定資産に投下された資本は長期に亘り固定化してしまうため、返済の必要のない自己資本によって賄われていることが望ましいという理由にあります。
　固定比率は次の算式で示されます。指標的には100%以下が良いとされています。

$$固定比率 \ = \ \frac{固定資産}{自己資本} \ \times \ 100$$

　しかし、過去固定比率、流動比率、固定長期適合率等の比率について、検定試験合格の為に勉強したことがあっても、いざ実務で、100%より上が「良かったのか悪かったのか」を即答できる方は少ないはずです。
　企業経営者も日頃から比率で物を考えているわけではありません。かっこよく指標で話をしてしまうと、かえって嫌われるかもしれません。

※要償還債務の定義は金融機関によって微妙に異なる。

要償還債務 ≒

（固定資産）＋（繰延資産）−（公表自己資本）＋不良化流動資産

---

④　短期の支払い能力を見る

　利益が出ていても資金繰りが詰まれば企業は倒産します。ここでは短期の資金繰りの安定性について検討します。

　短期の資金繰りの安定性についてよく用いられる指標が流動比率です（流動資産／流動負債）。「100％以上が必要で、200％を超えていれば短期に資金繰りが破綻することはない」と一般的には言われています。しかし、財務指標になじみの薄い経営者に、指標で語る事は、あまりお勧めできません。「100％の上が良かったのかどうか」即答できる金融機関職員も少ないはずです。

図表Ⅱ－14　事例の流動比率

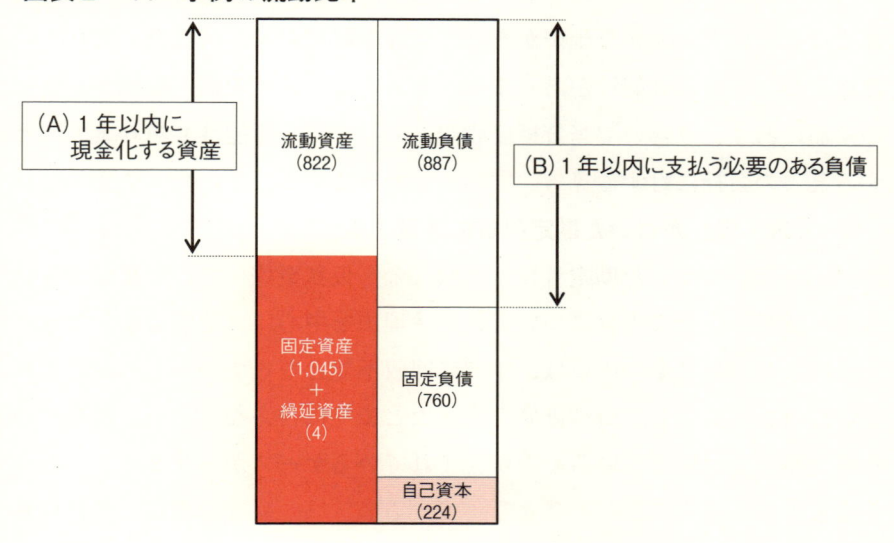

　当社の場合、１年以内にお金になる資産が822百万円であるのに対し、１年以内に返済もしくは支払わなくてはならない負債が887百万円です。明らかに短期の支払い能力が不足しています（図表Ⅱ－14）。

　「流動比率が93％で、短期の支払能力が不足していますね」と言うのも間違いではありません。

　しかし、「１年以内にお金になる資産が822百万円であるのに対し、１年以内に返済もしくは支払わなくてはならない負債が887百万円になっています。短期の支払い資金が足らないように見えるのですが、何かお考えがあってのことですか」と問いかけた場合、はるかに会話は進むはずです。**相手経営者も、指標で言われるよりは、理解しやすい**はずです。

　「メイン金融機関には、２億円の当座貸越の枠が設定してあってね、いざと言う場合には困らないようにしている」という、答えが返ってきたら、いくつかの可能性が広がってきます。

例えば、固定資産に計上している土地の簿価が６億円であるが、時価換算ではそれ以上の大きな価値があり、当社の財務力は、決算書に表れている以上の力がある可能性があります。あるいは、社長の個人の預かり資産が多額にあり、見合いで当貸極度設定に応じている可能性もあります。とするとこの会社に対する**見方、興味も変わってくる**ことになります。

⑤　**「未・仮」が付いた勘定科目に注目する。**

　「未」「仮」がついた勘定科目（未収入金・仮払金等）で、金額が大きいものに注目し、その内容について、発生理由を中心に、聴取しましょう。

　未収入金や仮払金の中には、すでに回収不能となっているものが含まれていたり、不良化して資産価値を失ったとまでは言えなくとも、長期にわたり分割で受け取っているものが含まれているケースがあります。このようなものは**「すでに回収不能となっているものは資産を減算し、それ以外はキャッシュフローで返済すべき債務に加えて考える」**必要があります。

　在庫の数値操作によって利益操作が行われることが多いことを前に述べましたが、未・仮がつく勘定科目を使っても利益操作が行われる場合があります。不自然に大きな数字が計上されているような場合は、聴取し、今は解らなくても、**内容をメモして帰る**ことが大切です。

　過去の科目明細と比較することで、不良化したものなのか、実質的に長期にわたる回収を必要とする資産なのかの判定は可能ですが、**聞いてあげることで、相手経営者の信頼を勝ち得る**ことにつながります。

　仮に粉飾につながる操作がされていたとしても、当社のことを理解しようとして努力している姿は、好感を持って受け入れられます。また、決算書をいただいたその場で、現物を見ながら話をさせていただいているわけですから、失礼ではありません。

　社内に、社長と同じ目線で数字が理解できる人材がいる中小企業は、稀です。今は、経験が少なく、ただ聞いて帰るだけかもしれませんが、我が

図表Ⅱ－15　Ｂ／Ｓ速読法まとめ

④短期の支払い能力をみる
（短期に返済期限が到来する流動負債に対し、これの返済に必要な財源を比較することによって短期の支払能力を見る）

$$流動比率 = \frac{流動資産}{流動負債} \times 100$$

流動比率＜100％の状況にあれば短期の支払能力にレッドカードが提示されていると考えるべきであり極めて危険な状況にあるといえる。

1年以内に支払わなくてはならない負債（借入等）が887百万円あるのに対し1年以内に現金化可能な資産が822百万円に止まり、支払財源が不足する。

勘定科目	自至	2015/3 2016/3	勘定科目	自至	2015/3 2016/3
流動資産		822,000	流動負債		887,000
現金・預金		55,000	支払手形		0
受取手形		0	買掛金		120,000
売掛金		150,000	短期借入金		700,000
有価証券		0	割引手形		0
棚卸資産		500,000	未払金		65,000
未収入金		44,000	その他		2,000
仮払金		2,000			
短期貸付金		45,000			
その他		26,000	固定負債		760,000
▲貸倒引当金			長期借入金		760,000
固定資産		1,045,000	その他		0
土地		600,000			
建物・機械等		419,000			
投資有価証券		12,000	自己資本		224,000
長期貸付金		0	資本金		10,000
その他		14,000	準備金		1,000
▲貸倒引当金		0	剰余金		213,000
繰延資産等		4,000			
資産合計		1,871,000	負債・資本合計		1,871,000

①「規模」を確認する
・同業者間の位置、市場での認知度の目安となる！

③中長期的な経営の安定性を見る
（固定資産に投下された資本は長期に亘り固定化してしまうため自己資本により賄われていることが健全）

$$固定比率 = \frac{固定資産}{自己資本} \times 100$$

※指標的には100％以下が良いが現実ではこのような企業は稀である。

本件での固定比率は466％

よってP/Lから割り出したキャッシュフローをもって長期債務の償還能力を試算してみる。

$$\frac{長期債務（固定資産等－自己資本）}{正味の純利益＋減価償却実施額} = \square 年（長期債務償還年数）$$

※健全性の目安としては業種によって異なるが概ね10年程度であれば健全と考えられる。

速読段階での長期債務償還年数は15年

②自己資本の厚さを見る！
（自己資本比率が高いほど財務的には健全、金利負担も軽い）

$$自己資本比率 = \frac{自己資本}{負債・資本合計（総資本）} \times 100$$

※決算書を概観する場合は下記を目安にして考えると良い。公表決算で10％を下回る場合は問題があると考えてよい。
・メーカーであれば20％～25％は欲しい。
但し、商社のように固定資産をあまり必要としない業種では5％程度でもやむを得ない。
・本件では自己資本比率は12％であり、速続段階では今一歩！

速読段階では、含み損益、不良資産等の検証ができていないことからあくまで目安と考えるべきであり、実態を把握するには、ネットの姿を想像する必要がある。

公表決算書は下記理由等でさまざまにデコレーションされていることから改めて「ネットの姿」を想像してみることが重要

税金を払いたくない！　痛い腹の中を探られたくない！　（資金調達に支障をきたす恐れ）

社を理解しようと努力する金融機関職員は頼りにされ、取引先社長から見ても可愛いものです。今後いろいろな相談をしていただける関係に発展していく可能性が大きいと言えます。

　経営者に対し、一定のプレッシャーを与えることにもつながります。少なくとも「なめられる」ことはありません。

第 3 章

企業訪問時の着眼点

第２章では、簿記の知識がなくとも手にした決算書を速読できる手法を解説してきました。本章では、通常の企業訪問の中で、「企業を観察し、理解を深める」ための着眼点について解説します。

　「事業性評価」と「事業性評価に基づく融資」の重要性が「地方創生」に不可欠であると言われます。事業性評価は、その企業が属する「業界の将来性を把握すること」と勘違いしているケースが多いのが実情です。同じ業界に属する会社が、等しく成長し成功するわけではありません。もちろん、業界を取り巻く環境と業界自体の市場性は事業性評価の上で重要な要素の一つであることに変わりはありませんが、あくまで一部であると考えるべきです。同じ業界にある会社であっても、業界を取り巻く環境よりも、その企業の取引先企業から支持を受ける理由の方が、はるかに重要なケースもあります。優れたビジネスモデルを持った会社であっても、経営者の健康や、後継者の資質に課題があったり、事業を継続するのに必要な有資格者の確保に問題があったりするケースもあります。

　事業性を評価するには、企業と向き合い、企業を理解しようというパッション（情熱）が基本です。言い換えると、「事業性評価に基づく融資」とは、人材、技術やノウハウ、組織力、顧客とのネットワークや支持、ブランド等の目に見えない資産を、企業訪問等を通じて、観察し把握すると同時に適切に評価することで、融資に結びつける手法を言います。

第１節　ライフステージによってうつろう関係

　第１節では、ライフサイクルによってうつろう企業と金融機関の関係について考えます。

　企業には、人間の一生（幼年期、少年期、成長期、壮年期、中年期、高

図表Ⅲ－1　企業のライフサイクル

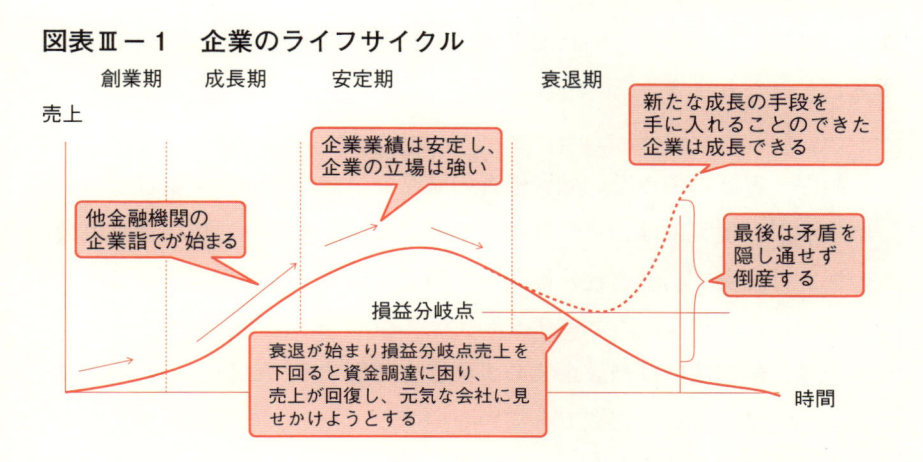

年期、晩年）と同じように、創業期、成長期、成熟期、衰退期、激減期があります。これを**企業のライフサイクル**と言います。

　どのように優れたサービスであっても、今よく売れている商品であっても、いつかは、そのサービスは陳腐化し、代替商品の出現でその商品はこの世から消えてしまう時が必ずと言って良い程やってきます。この点からすると、商品やサービスにもライフサイクルがあると言えます。

　図表Ⅲ－1は、縦軸に売上を取り、横軸に時間軸を配し、創業以後の企業の盛衰（ライフサイクル）を図式化したものです。

　企業が、そのライフサイクルのなかのどの位置にいるかで、**企業と金融機関の関係も大きく変化**します。

（1）創業期

　創業期は、事業を始めたばかりの時期にあたります。商品（製品）が市場を獲得できるのか、事業を始めてみたものの、うまく行くのかどうか不安定な時期と言えます。企業は、事業維持のための資金調達に苦労しています。一方で、金融機関にとって、創業期はその事業の将来性を的確に判

断するのはなかなか難しい状況です。それだけに新規融資には慎重に対応することになります。

担保・保証に頼らない融資慣行の確立や事業性評価の重要性が言われますが、現実には、企業経営が不安定な時期であり、信用保証協会の保証付融資、制度融資、補助金、場合によっては担保に頼ることになるのは仕方がないことです。

一般に創業期には当該企業の事業性を評価するのは難しいといえます。経営者の資質も把握できていないでしょうし、市場ニーズをつかみ成長路線に乗れるかどうかも定かではありません。

例えば、「保有特許を事業化したい」という相談をいただいたとしましょう。一般に金融機関職員には、その特許が有効なものか、すでに価値を失ったものかの判断は困難です。仮に有効なものであったとしても、特許を活用して生産された成果物を販売するネットワーク等が容易に整備できるのかどうか…までは、やってみないと解らないという事情もあります。

事業性評価の重要性を否定するものではありませんが、現実には、創業期は想定外のリスクも往々にして発生しがちです。制度融資、補助金に頼らざるを得ないのも仕方がないことと言えます。

創業支援のお願いがあった場合、**補助金や制度融資に精通しておく**ことが重要です。経済産業省、厚生労働省等政府補助金のほか、各都道府県に独自の補助金制度が用意されています。また信用保証協会等にも創業支援保証制度があります。日頃から情報を整理し、手元に用意しておきましょう。

図表Ⅲ－2　ライフステージごとの特徴的な行動

会社（業績）のライフステージ		
	企　業	特徴的な行動（金融機関・企業）
ラ イ フ ス テ ー ジ	創業期	■企業は事業維持の為の資金調達に苦労 ■金融機関は融資の安全性を求めて担保・保証に頼る。
	成長期	■企業は成長のための資金調達が必要で、金融機関と密接な関係を構築する。 ■金融機関は積極的に企業の資金需要に応える。 ■取引のない金融機関からの企業詣でが始まる。
	安定期	■企業は利益の蓄積ができ自己資本が充実する。一方、運転資金は必要にない状況にあり、企業側の立場は強くなる。 ■金融機関の事務処理は経理部長を通してとなり、担当者では容易に経営者に会えない状況が出現し、単なる御用聞きと化す。一方、金融機関の競争は激化し、金融機関の立場は弱くなる。 金融機関にとっても債務者企業にとっても、この時期の付合い方が実は重要
	衰退期　前期	■金融機関も企業も業績低下の兆しに気が付かず実態と現状にズレが生じ始める。 （理由を景気動向に求めるなど現実を中々直視できない状況が生まれる）。
	衰退期　後期	■業績の悪化が顕著になり、企業は資金調達の不安から経営実態を素直に開示しようとしなくなる。 ■金融機関は、決算書と実態のズレに不信感を抱き、スムーズな資金提供が行われなくなる。（両者の関係は悪化する） ■最終は矛盾が顕在化し、企業は倒産する。

（2）成長期

　成長期に入ると、売上は急速に伸び始めます。収益機会を逃さないために、商品（製品）を潤沢に供給する必要性が生まれます。**常に増加の運転資金**を必要としますし、店舗の拡張や生産設備の増強等の資金需要も積極的に発生します。

　企業は円滑な資金の供給を受ける必要があることから、金融機関と密接な関係を構築しようとする時期に当たります。成長している元気の良い企業には、金融機関も融資を起こしやすいという事情もあり、企業側と金融機関の蜜月な関係が生まれます。

　社長と支店長が頻繁にゴルフをご一緒したり、ネオン街に繰り出す機会が増えてきます。担当者にまで、盆暮れに、お歳暮やお中元が届くことも

あります。

　一方で、取引のない金融機関が、積極的に取引開拓に訪れるようになり、虎視眈々と、メイン金融機関の隙に目を光らせはじめるのもこの頃です。

　特に、成長期も後半になり成熟期近くになると、良い企業であるという情報が一般的に知られています。競合金融機関から見ても、魅力的な企業に見えるのは当然です。新規開拓の見込み客としてリストアップされ、積極的な渉外活動が繰り広げられます。取引がまだ始まっていないのに、場合によっては役員を連れてきて新規開拓活動を行うこともあります。メイン金融機関といえども**担当者では容易に実権者（社長）に会えないという状況が出現する**のもこの頃です。

　経営者が、資金調達に苦労した時代を忘れ、成長を支えてくれたメイン金融機関に対して、粗雑な対応をとってしまいがちなのも理解できると思います。成長期の後半にありますから、企業側も様々な経験を積んでおり、金融機関の若い渉外担当者では太刀打ちできないということもあるかもしれません。しかし、この局面で、経理担当者との間の事務のデリバリーに甘んじてしまうことは、企業にとっても、メイン金融機関にとっても不幸なことです。

　一般に、企業の業況には循環があり、良い状況が永遠に続くことはありません。業況が悪化局面に入った場合、企業にとって頼りにすべき金融機関は成長過程を支えてくれたメイン金融機関です。成長の過程を一緒に苦労してきたからこそ、その企業の数字に表れない良さを理解できます。メイン金融機関との取引関係を密にしておく重要性を頭に入れて訪問活動をしてください。少しでも危惧を感じたら、**支店長や課長の上席を上手に使う**ことを考えましょう。

　今の時代、多くの金融機関では、コンプライアンス上の理由から、取引先からのお中元・お歳暮についてはお断りするように指導してい

ると思います。「この程度なら…」と思って受け取ってしまうことも
あるかもしれませんが、要注意です。「千里の堤も蟻の穴から…」と
いう中国の古い例えにあるように、わずかな突破口から隙を突かれ、
癒着につながり、ひいては不正に発展することもよくある話です。

（3）安定期

　安定期に入ると経営は安定しています。大きく売上を伸ばすことは難し
くとも利益は安定し、着実に内部留保は拡大し、キャッシュインも大きい
ため資金繰りにもさして苦労していません。経営者が、社業以外の肩書を
沢山獲得するのもこの頃です。メイン金融機関といえども、一担当者が経
営者に面談することが、成長期以上に困難となってきます。自信のある提
案が、経営者に通らないというようなことも頻繁に起こってきます。**金融
機関担当者が単なる御用聞き**と化してしまう危険があります。

　直接面談が困難ということもありますが、企業側に課題がある場合があ
ります。経営者が、公職等で社内にいないことが多く、タイムリーに話が
通じないということもあるでしょう。あるいは、面談相手に問題がある場
合もあります。いずれの場合も支店長を引っ張り出すことが有効です。

━━━ ヒント ━━━

支店長を有効に使おう

　相手企業の通常窓口となっている職員が、「つまらない奴」とい
うケースもあります。（経営者と直接面談できれば話は早いのです
が…）「つまらない奴」と思っても社長に簡単に会えない以上、彼
を**上手に使う**必要があります。支店長に御出馬願いましょう。

「社長の姿を見つけた時に、強引に話を持ち込む」等の手法はご法度です。相手企業の担当者の頭越しに事を進めるのは決して得策ではありません。どんなに「つまらない奴！」と思っても、**相手の立場を守ってやる**ことが必要です。さも無くば、二度と社長に取り次いでもらえなくなってしまいます。

①支店長が訪問したい旨を社長に**必ず相手担当者を通じて**とりつがせる

「先ほどの提案を支店長が直接社長にご説明したいと申している」といった具合です。

担当者は、事前にあなたから聞いていた提案内容を社長に説明しなければ、社内での立場を失うことになります。

②社長と支店長の面談が終わった後に、必ず**支店長から相手担当者に挨拶**してもらう

これだけで、「つまらない奴」であっても、彼の中でのあなたの位置づけは大きく変わります。

「○○さん、うちの△△が何時もお世話になりますね」程度でかまいません。どんなに「つまらない奴」であっても悪い気持ちはしないでしょう。

「□■銀行の△△さんは、ただデリバリーに来ているだけではない。必要なことは社長にきっちり取り次いでおかないと、下手したら立場を失うことになる」ことに、気が付くでしょう。

「ライオンズ」「ロータリー」等の外部で支店長と社長が一緒になることはよくあります。そんな時に支店長から「先日、うちの渉外担当の△△が提案させていただいた件、検討いただけました？」と一言あっただけで、彼は自社内での立場を失います。

（4）衰退期

　安定期にメイン金融機関と企業経営者との間の信頼関係が損なわれた場合、企業にとって厳しい状況が想像できます。

　仮に次の成長のための手段を手に入れたとしても、成長の過程では、様々な紆余曲折が予想されます。成長路線に乗るまで、赤字に転落するということも現実にはよく起こっていることです。損益分岐点を割って業況が悪化した場合、メイン金融機関を粗末に扱っていたことが、仇となることも十分想定できます。成長期、安定期での金融機関取引の大切さを、日頃から話し、このような事態に陥ることのないように、組織をあげて深耕を図る必要があります。

　成長過程に乗るまで赤字が数年続くとします。**過去の成長過程を応援してきたメイン金融機関**であれば仮に赤字が続いても、その企業の数値に表れない**知的資産（特許などの「知的財産」に加え、人材、技術やノウハウ、組織力、顧客とのネットワークや顧客からの支持、ブランド等）を総合的に評価**することも可能です。

ヒント

事業性評価

　事業性評価については、金融財政事情2015.3.30号において、遠藤金融検査局長（当時）のインタビュー記事で、次のように語られています。

① 　事業性評価に基づく融資については、その地域の中核企業となる企業や、その企業が属する産業に対する取組みとして（金融当局と金融機関とで）議論している。したがって、事業性評価は、

主要地銀が中心となるテーマだ。

　また、事業性評価では、金融機関が該当中核企業を通じて、産業全体を盛り上げていくには何をすればよいかという視点も必要となる。

② 　目利きについては、「金融機関が顧客のことを深く理解し、真剣に向き合おうとする"パッション"こそが目利き力の大前提だと考える」とした上で、（短期継続融資のように）オン・ザ・ジョブの中で顧客をみる目を鍛える機会が組み込まれている融資形態は貴重だ。

（金融財政事情　2015.3.30号　地域を貸し興す）

　言い換えると、事業性評価は「地域経済を牽引する企業や大口与信先」「地域に根ざして営業を行う企業」等に対し、地域経済や産業の把握・分析を行い、地域経済の安定と成長、および雇用の確保の観点から行う組織的な取組みのことを言います。

　一方、「事業性評価に基づく融資」とは、リレーションシップ・バンキングに基づく、数字だけに頼らない、取引先の業歴やノウハウ等の事業価値の向上につながるような、定性面を重視した金融を行うことをいいます。いわば、従前から我々金融機関が行っていた、お客さまと真正面から向き合うことで課題問題を発見し、解決のために金融サービスを提供するという本来業務にすぎないのです。

　若い渉外担当者の立場では、流行語のようになった事業性評価融資（正しくは事業性評価に基づく融資）という単語に躍ることなく、お客さまのことを知りたい、お客さまの役に立ちたい、という思いを持って、地道に取引先と会話し、観察し、経営者と話をすることが大切です。

第2節　仕入先・販売先を把握

　会社は、仕入れにしろ、販売にしろ、取引先に支えられています。仕入先と販売先を把握することは、企業の営業基盤を判断する重要な判断材料となります。

　第2節では取引先のパターン別に売上が増加傾向か、横ばい減少傾向かで、考えられる企業の状態を判断するヒントを探ります。

図表Ⅲ－3　仕入先・販売先を把握する着眼点

会社は仕入れ・販売にしろ取引先に支えられている（仕入販売先を把握することは企業の営業基盤を判断する重要な要素である）

売上横這い・減少	取引先パターン	売上増加傾向
企業のライフステージが成熟期もしくは衰退期に入っている可能性あり ・商品やサービス内容をよく調査し、事業計画を詳しくヒアリングする必要性がある。	分散安定型	取引先のリスクは少ない。 ・成長可能性あり
相手企業の業績により当社の業績は左右される。 ・相手企業が倒産すれば当社も連鎖倒産 ・相手企業に取引解消されればたちまち当社は倒産 ※集中している相手企業との関係及びその企業の信用状況を十分に調査 ※相手企業のライフステージとサスティナビリティー（持続可能性）の把握	一社集中型又は寡占型	相手企業の業績により当社の業績は左右される。 ・相手企業が倒産すれば当社も連鎖倒産 ・相手企業が取引解除されればたちまち当社は倒産 ※集中している相手企業との関係及びその企業の信用状況を十分に調査
リスクが大きい ・経営基盤が脆弱でありその企業の存続可能性を見極める必要がある。	不安定型	売上が増加していても取引基盤は脆弱 ・安定的に業績が推移するとは言い難い。

（1）分散安定型

①　売上が増加傾向

　売上が増加傾向にある場合は、取引先の倒産リスクは低いと言えます。販売先が仮に破綻したとしても、取引が分散していることからそのウェートは低く、売上が増加傾向にあるため、その傷を容易に埋めることが可能です。短期間で業績不振に陥るリスクは低く、**業績担保**という考え方で、多少、担保・保証が弱い状況でも、積極的に取り組むことを検討できる領域です。

②　売上横這いか減少

　取引先が安定していても、売上が横ばいか減少傾向にある場合、企業のライフステージが、**成熟期の後期から、衰退期に入りかけている**ことを疑ってみる必要があります。

　商品やサービス内容をよく調査し、事業計画を詳しくヒアリングすることが重要です。新たな成長の手立てを当社が手に入れていないとすると、時間を追うごとに業績に陰りが現れてきます。

（2）一社集中型または寡占型

　一社集中型または寡占型の場合、集中している取引先の状況の把握が必要となります。

　仮に売上が伸びている状況であっても、売り先企業が何らかの事情で廃業や破綻に至った場合、収益の源泉である売上の太宗を失うことになります。集中している相手企業との関係およびその企業の信用状況を把握しましょう。

　売上が横這いか減少傾向にある場合も基本的には見方は一緒ですが、相手企業の**ライフステージと事業計画の把握が重要**となります。相手企業が

衰退期に入っている場合、同社の次の事業展開に、「当社の商品あるいは技術が生かされるかどうか…」が関心事になります。仮に、取引先の次世代の事業に当社が入り込めないとすると、危険な状況が近づいていると言えるでしょう。なぜなら、取引先企業が事業転換の後には、売上を完全に失うことになり、失われた売上を埋め合わすことは容易ではないからです。

（3）不安定型

　売上が仮に増加していても、販売先が不安定に入れ替わっている場合、安定的に業績は推移するとは思えません。競争相手が増加し、相対的に買い手の力が強くなっている場合もあれば、代替商品が出現していることも考えられます。売上が横這いか減少に転じていると、安定した業績を望むべくもなく、リスクが拡大している状況と言えます。その企業の存続可能性を見極める必要があります。

第3節　企業訪問時の観察のポイント

　昭和50年代の渉外担当者は、先輩から「会社を訪問したらトイレを借りてみろ…」とよく言われたものです。「社長と十分に内容のある話ができるようになるには10年早いが、観察くらいはできるだろう」ということです。

　社長とプロパー融資の話ができるようになるには、相当の経験と業務知識を必要とします。最初から支店長は、若い皆さんにそんなことを求めているわけではありません。**日頃の観察から企業の変化を察知**し、的確に報告してくれる中から、融資の種を探しているのです。

　本節では、しっかり観察し、変化に気が付き的確に報告するための着眼点について解説します。

（1）社内環境

　前段でも書きましたが、昔は先輩から、「定期的に**トイレを拝借**しなさい」と指導を受けたものです。古くてもかまいません。清潔に手入れが行き届いたトイレの会社は、比較的順調な経営状況にあることが多いものです。便器に尿石がこびりついていたり、悪臭が漂っていたりするケースは、社員のモチベーションが低下したり、モラルに問題を生じている可能性があります。

　社内の整理整頓状況にも注意をしましょう。**整理整頓の行き届いた会社は効率的に運営されている場合が多い**ようです。皆さんの周りでも、机の上が整理整頓されている上司には、仕事ができる人が多いはずです。同じことが言えるということです。

（2）在庫状況

　物品販売業の問屋さんの営業マンになったつもりで考えてみましょう。営業先でダンボール一つ返品があったとして、あなたの営業活動はどうなるでしょうか…？

　返品を受けた商品を営業車の後ろに積み込み、そのまま計画どおりに営業活動を終え、事務所に帰社した後に、返品された商品を階段の踊り場とか、廊下の片隅にいったん邪魔にならないように保管し、一定量が溜まった時点で、まとめて最も下っ端の社員に、倉庫に運ばせるはずです。間違っても返品を受ける都度、倉庫に持ち帰り、整理するという行動はとらないはずです。

　例えば階段や廊下に野積みされた箱があれば、**返品等によるデッドストックや退蔵化した商品の存在**が疑われることになります。

図表Ⅲ－4　企業訪問時の観察のポイント

百聞は一見にしかず！

・まさに目でみて肌で感じることが企業把握の第一歩！
・漠然と訪問するのではなく、内部の様子から会社の業況を冷静に見つめる姿勢が大切！

項　目	観察のポイント	目　線
社内環境	整理整頓が行き届いているか？	・整理整頓が行き届いた会社は効率的に運営されているもの。 ・トイレの清掃状況は社内のモラルを移す鏡
在庫状況	階段や廊下に野積みの箱はないか？	・階段や廊下に野積みの箱があれば返品等によるデッドストックもしくは退蔵化の可能性を疑う必要がある。
受注増減	黒（白）板にある予定表をみて受注状況はどうか？	・営業部門の黒（白）板にはリアルタイムで受注状況が記載されているもの
資金繰り	経理担当者の机に金融業者等の名刺やパンフレットが置いてないか？	・資金繰りが悪化した時、高利金融に手を染め急場を凌ごうとする場合がある。
雰囲気	社員に活気があるか？	・成長している会社は従業員に活気がある。
製造効率	工場では機械が老朽化していないか？ 稼働していない機械がないか？	・企業価値を維持するためには設備の再投資は不可欠であり、十分なものとなっていない場合、いずれ淘汰される危険がある。 ・稼働していない設備は、過剰投資となっており、効率を悪化させる要因となる。

（3）受注増減

　皆さんが勤める金融機関でも、目標に対する達成率を棒グラフにして意識の高揚に利用していませんか？　定期的な訪問で観察することにより、営業活動が順調かどうかわかることがあります。

　メーカー系の自動車販売店をイメージしてみましょう。比較的目につきやすいところに、納車の予定や入庫の予定が、白板に記載してあることがあります。数カ月前と比べて空欄が少なければ、業況は改善傾向であることがわかります。

*複*合取引の勧め

　金融機関担当者が若い場合、面談は経理担当の女性というケースも多く、営業部（課）に出入りできない…というケースもあるでしょう。そんな場合の**工夫の一つを伝授**いたします。

　組織図と従業員名簿を手に入れましょう。給与振込が当店指定であれば手間は省けます。手に入れた従業員名簿の中に営業部の社員が当店の口座を所有しているとしたらラッキーです。時には営業マンがいる時間帯を狙って訪問し、迷惑がられても、ご挨拶させていただきましょう。頻繁にお会いする必要はありません。あなたが当社を訪問していることを認知してもらえば十分です。何かあったら、お声掛けいただきたいと一言添えておきます。わざと、営業職員が外出している時間に訪問し、名刺と汎用贈答品のティッシュ一つで結構なので、机の上に置いてもらい、比較的頻繁に顔を出しているように工作しておきます。時には課長（あなたの上司）の名刺をいただいておき、そっと置いてくるのも効果的です。

　ボーナスのシーズンが来ました。チャンスですね！ 金融機関の職員がボーナスシーズンには大きなノルマを持っていることを誰でも知っています。ちょっとだけボーナスのお願いをさせてくださいと頼んでも不思議ではありません。

　こうして複合取引を進める中で営業部に出入りできるようになり、営業成績を示す棒グラフを垣間見ることも可能となります。いずれ、自動車購入、進学、自宅購入等のご相談もいただけるようになります。

　その人への深耕過程を通じて周囲の人たちにも認知され、大きな成果につながることも十分に考えられるのです。

（4）資金繰り

　経理担当者の机の上に金融業者の名刺やパンフレットが置いてあったら注意が必要です。資金繰りが悪化し、高利に手を出し、急場を凌ごうとする場合があることを忘れてはなりません（次頁「ヒント」参照）。

（5）雰囲気

　社員に活気があるかどうか…、という点を観察してみてください。**成長している会社には活気があるもの**です。

　筆者も、銀行員時代、営業店に臨店することがよくありました。業績はグループ最下位である上、時間外も突出して多い、しかし臨店してみると、支店内部が活き活きして活気があるという支店がたまにありました。こういった支店は、それからしばらくして業績は上向き、優績店に例外なく変貌していきました。

　一方、優績店表彰を連続して受けている支店でも、臨店してみると澱んだ空気が流れ、職員の表情もさえないというケースは、同じく例外なく、間もなく業績は低迷をはじめます。最悪の場合、不祥事につながることも珍しくありませんでした。

（6）製造効率

　これは製造業についてのことですが、製造現場（工場）は適当な間隔を置いて見学させてもらうことが大切です。

　恒常的に老朽化した機械がないか、動いていない（稼働していない）機械がないか…等について、現場を見て観察することが大切です。企業価値を維持するためには設備の再投資は不可欠であり、十分なものとなっていない場合、将来、競合他社に負けて、市場から**淘汰される危険**があります。

少なくとも稼働していない設備は、過剰設備であり、効率を悪化させる原因となっています。

━━ ヒント ━━

*ほ*んの少し深掘りしてみよう！

　高利の金融業者の名刺やパンフレットではないが、取引のない（失礼ながら）下位金融機関の名刺が経理担当者等の机に置いてあったとします。当行はサブメインの立場にあるとします。あなたは何を考え、どのように行動しますか…。

　メイン金融機関とサブメイン以下の金融機関では、手にする情報量が大きく異なります。

　メインしか持ちえない情報を持って、メイン金融機関は資金を絞ってきた可能性があります。ここで考えるべきは、その理由の解明です。ひょっとすると、まだ表に出ていないが、当社の大口取引先の異変に気が付き、事前に手を打っている可能性があります。問題意識を持って究明すればきっとメイン金融機関が資金を絞ってくる理由が解明できるでしょう。

　実は**ここからが大切**です。

　この会社の事業にしっかり目を向けてみましょう。確かに財務実態を解明すると非常に厳しい状況であっても、この会社にコアコンピタンス（他社にない良さ、強さ）が認められ、これをもって将来的に回復する見込みが相応の合理性をもって言えるのであれば、この状況はチャンスです。他金融機関に融資を譲る必要はありません。

　日頃から、当該会社の事業をよく理解しておくことで、メインを出し抜くチャンスにもなるということを理解しておいてください。

第４節　経営（実権）者の資質を評価してみる！

　企業経営者は、金融機関の担当者が変わる都度、新しく担当となった皆さんを観察しています。前任者と比較して、人柄は…、能力は…、誠実か…、といった具合です。

　であるなら、逆に、相手経営（実権）者の資質を評価してみましょう。経営（実権）者と互角に話ができる実力が身に付いていなくとも、その動き、従業員との会話の様子等々から、観察できることも多くあります。人格、経営能力、個人資産、健康、環境、趣味といった視点で観察してみましょう。

（1）人格

　常識、良識はあるか、約束を守る人か、責任感があるか、という目線で経営者を見てみましょう。いずれも、商売の基本である信用を形作る基本と言えます。

　場所柄もわきまえず、高級腕時計をして現れる経営者等も、常識を疑って考える必要があるかもしれません。

　訪問の約束があるにもかかわらず、時間に訪問してみると、頻繁にすっぽかされることがあるとすると、その経営者は失格です。自社の従業員には、「一歩外に出たら、自分が会社を代表しているという思いを持って仕事をしなさい」と言って指導しているはずです。皆さんが経験の浅い金融マンだとしても、金融機関を代表しているのです。取引先の担当者と誠実に向き合えない経営者に良い経営ができるとは思えません。

　一方、渉外担当者にとって、約束を守るということは、**最も重要な行動規範**です。どうしても約束の時間に間に合わないことがあります。そんな

時、時間が過ぎてから、連絡をする者がいますが、非常にまずいと言えます。経営者は忙しい人種です。時間までは待ってくれます。しかし、その後の不確実な時間は、苛立ちを煽り、怒りに変わっていきます。

渉外担当者として、特に約束の時間を守るということの大切さを十分認識してください。

信用は商売の基本であることを忘れてはなりません。

「会社や社員に対し愛情を持って接しているか？」「会社や社員に対し自己犠牲を払えるような人物か？」という点も重要な視点です。

これらは、社長と従業員の会話や態度を観察すれば見えてきます。取引先企業の社内レクレーションに参加してみれば、一層よく見えます。愛情のない経営者の下では、従業員の帰属意識は育ちません。また、会社が苦しい時、企業を支える重要な要素は**従業員の協力**です。従業員は経営者を見ているものです。（会社や従業員に対し自己犠牲を払えるような）信頼に値する経営者である…、と従業員が評価している場合、思いのほか、粘り強く、力強く経営が行われているものです。

（2）経営能力

経営能力の判断には、①経営力、②企業のポテンシャル、の２点から見ていく必要があります。また、時として、外部の評価と内部の評価が異なることもあるので注意を必要とします。

① 経営力

経営者には、時として**非情な判断が必要**な時があります。情に流され、重要な決断の時を失い、取り返しのつかない結果につながったということは起こりがちです。

非情な判断ができる人物かどうかの判定は、正直なところ難しいと感じています。会社の事業遍歴に、その時起こったトピックスを重ね合わせて、

この会社が、どのようにして生き残り、成長してきたかを振り返ることで、見えてくることもあります。

　仕事に情熱を感じない経営者は、経営を簡単に放り投げてしまうことが多いようです。金融機関には、業種別の事業把握のためのツールが各種取り揃えてあります。これらを利用し、予備知識をもって、教えて欲しいというスタンスで、事業のこと、商品（製品）のことを聞いてみましょう。社長の会社の役に立ちたい、そのために事業を知りたい、との思いをもって質問すれば、**事業に情熱をもった経営者**は一所懸命に応えてくれるものです。

　会社の経営が苦しい時ほど、**経営者のリーダーシップ**が求められます。経営者と従業員の会話、従業員の態度等に着目して観察すると、よく見えてきます。

②　企業のポテンシャル

　地道な経営分析に基づいた経営ビジョンがあるかどうか確かめてみましょう。経営計画書という形でまとめられている必要はありません。しかし、社長の頭の中にある経営ビジョンをヒアリングし、単なる**思い付きではない、合理性を持ったものなのかのジャッジ**をする力が必要です。MBAで学ぶ程の専門性は必要ありませんが、経営戦略をフレームから考えることは効率的に考えることにつながります（弊著「ベテラン融資マンの知恵袋」第4章）。

③　その他

　時として、金融機関から見た経営者の評価と、当該企業の内部従業員の経営者に対する**評価が異なる**ことがあります。精力的に仕事をこなす優秀な社長と評価していたところ、営業部長が主力取引先と従業員を引き連れて独立したというケースはよくあります。

　対外的には、会社業績は好調で、社長は精力的で有能に見える、しかし、

会社内部では、営業部長の手腕で好調な業績が保たれていることを従業員が知っており、永年鬱積した社長への不満が爆発し、営業部長と共に独立した、といった具合です。

中小企業では、取引先との関係は、会社とではなく営業マン個人とのつながりでようやく維持されているといったケースが多いことに留意し、**社内外の評判についても情報収集**しておきましょう。

筆者は、上記③で紹介した事例とまったく逆の経験をしたことがあります。

中国地方西部にある会社でした。売上の６割を関東地方で稼いでいた会社です。私が次長として赴任する直前に、関東営業部長が、関東の取引先と従業員を引き連れて、独立してしまいました。いきなり売上の６割を失い、まさに経営危機にあります。

前任の次長から聞いた評価は、「一代で築いた敏腕社長と評価していたが、ワンマン経営が仇となって、経営危機を招いた」というものでした。裏付けるような、ネガティブな情報（後述）も十分すぎるほどがありました。当然のことながら、前任者からは、「保全重視の対応で基本的には撤退方針」ということでした。

引継ぎに訪れた時の私の印象は違いました。社内は整理整頓が行き届き、従業員には活気に溢れ、伸び伸び仕事をしているという印象でした。そこで、後日、渉外課長と再び当社を訪問しました。最初の印象を確かめるためです。もし印象どおりであるなら、「何かいいものをこの会社は持っているはずだ、それを知りたい」、とい

うのが訪問の目的です。

　工場も拝見しました。整理整頓が行き届き、明るく活発に働く様子を工場でも確認できました。本社事務所に戻り、事業の特徴についてヒアリングし、今日のところは失礼しようと思った矢先、「次長に見て欲しいものがある。時間がありますか？」と、引き留められたのです。

　渉外課長には後ほど迎えに来てもらうことにして、社長のお話を聞いて帰ることにしました。蛇足ですが、このような時は社長から直接情報を聞き出す絶好のチャンスです。万難を排して、応じるべきです。

　「今回はさすがにこたえたよ。自分に反省すべき点が沢山ある。そこで、一から経営を見直した。それがこれだ」と言って、出てきたのが、経営分析資料に裏付けされた分厚い経営計画書でした。

　社長は向かい側に座り、資料を逆さに見ながら、経営計画書の中身を説明してくださいました。自分で分析し計画策定したものでないと、あそこまで理路整然と説明できるものではありません。

　売上の６割を失うという事態が発生しています。一般的に言われるように、それまでは、社長の評価を誤っていたのかもしれません。しかし、「今の社長は違う。たぐいまれな経営者に変貌している」という確信めいたものを感じ、もう少し観察してみる必要はあるが、前向きに取り組む価値があるという思いにさせられました。

　当社は、売上の極端な減少からくる資金繰りの危機を、緊急融資で切り抜けると、その後順調に成長を続け、今では、実質無借金経営で、売上100億円の企業へと変貌を遂げています。

《定性面のネガティブ情報》

　１．社長への貸付金　　１億円

2．外洋クルーザーの所有

　　3．高級車の所有　なぜか　社用車として軽自動車が１台

　　　　・ジャガー

　　　　・シーマ

　　　　・ロールスロイス

　　　　・マツダのキャロル（軽自動車）

　　4．研修所と称した豪華なゲストハウスを所有

　通常、これだけあると、金融機関は社長の常識と良識を疑うことになります。紙幅の関係から、詳細は省きますが、当然、当社資産に上がるこれらのネガティブなものについてヒアリングをしました。社長は悪びれることなく、反省を込めて取得理由を開示してくださいました。裏付けを取りたいという私の申出にも快く協力いただけました。また、非常識と思われる資産も、よく聞くと事業に生かされていることも解りました。必要以上に、判断の軸足をこのネガティブ情報に置くことを避けることにし、その後資金繰りの危機に対応することとし、その時点で命脈を絶つことなく、今日の成長の役に立てたことを、うれしく思っています。

（3）個人資産

　資産背景を調査してみる必要があります。長い業暦があり収益力のある会社なら、見合う個人資産があるはずです。個人資産が把握できない場合、浪費家等経営者としての資質を疑ってみる必要があります。場合によっては収益力そのものが疑われる（粉飾）こともあると言えます。

（4）健康

経営者の命は永遠ではありません。後継者がいるかどうか、後継者問題を真剣に考えているかどうかも経営者を評価する重要なポイントです。特に健康に問題を抱える場合、**後継者の問題は喫緊の課題**と言えます。

（5）親族等との関係

中小企業の場合、家族親族や交友関係が円滑で健全であることが求められます。

不仲な場合、相続時に、会社存続に支障をきたすような揉め事に発展する恐れがあれば、株主総会決議に支障をきたす恐れも出てきます。

工場底地が社長の個人名義になっているような場合に相続が発生したとします。相続人が仲違いしているような場合、当地の相続で揉めて、結局売却することになった結果、会社をたたむことになる場合だってあります。

中小企業の場合、取締役会や株主総会が実際に開かれないまま、書類の作成だけで終わっているケースが多くあります。会社の存亡に係る重要決議を書類作成だけで終わらせた後、疑義を唱えられた場合、決議は無効となり、**会社存続にかかわる問題に発展する**リスクも否定できません。

（6）趣味

趣味の話を織り交ぜながら、取引先との深耕を図るのは、渉外のテクニックとして有効です。その折り、経営を顧みなくなるほど趣味にはまっていないかどうかという視点で経営者を観察してみてください。

ギャンブルや投機に走っている場合、危険は増幅されます。

老舗優良企業があっという間に倒れた話

　競争相手の地銀の本店所在地の支店に融資渉外課長として勤務していた頃の話です。初課長で張り切って着任し、「当地でも評判の優良企業を在任中に1社、取引開拓したうえで、メイン化を図る」という目標を立てて、ある会社に目標を定めました。

　銀行の融資渉外課長という名刺の威力はさすがで、初回訪問から気持ちよく面談していただけます。幸先は良いように見えました。しかしここからが進みません。3年間で、社長と個人的には親しくお付き合いさせていただきましたが、最後のガードを崩せないまま、転勤となり、目標未達成となった悔しい思い出があります。

　それから4年、東京勤務の折、日経新聞の片隅に、○○社倒産という記事が出ているではありませんか。「社長は堅実で、あれだけ優れた内容を誇っていたのに…、一体何が起こった…?」。

　さっそく懇意にしていた情報会社に連絡をとると、「ここ数年社長が宗教の世界にはまり、経営を顧みなくなっていた。家族に重篤な病が見つかったのが理由で、それ以降、宗教団体に尋常ではない金額の資金が流れることになり、資金繰りに行き詰った」との話でした。ギャンブルや投機とは違いますが、中小企業は、事業性の良し悪しに関わらず、経営者で、簡単に経営が行き詰ることがあることを思い知らされた事件でした。

　本事例は、堅実な経営者が、家族の重篤な病気が原因で経営を顧みなくなったという特殊な事例ではありますが、中小零細企業では、経営の承継が行われた途端に破綻に向かって走り始めたということはよくあります。**後継者を含め、親族まで目を配る**ことも重要です。

図表Ⅲ－5　経営者の資質を評価するポイント

	チェックポイント	目　線
人　格	・常識、良識はあるか? ・約束を守る人か? ・責任感はあるか?	○信用は商売の基本 ・常識、良識、見識は社会人としての基本 ・約束を守ることが信用獲得の第一歩 ・責任感がなければ組織は維持できない。
	・会社や社員に対して愛情を持って接しているか? ・会社や社員に自己犠牲を払えるような人物か?	○企業のポテンシャル ・愛情のない経営者の下では従業員の帰属意識も育たない。 ・会社が苦しい時、企業を支える重要な要素の一つは従業員の協力。従業員は経営者を見ているもの
経営能力	・冷静に判断できるか? ・仕事に情熱を感じるか? ・リーダーシップがとれるか?	○経営力 ・経営者には時として非情な判断が求められる。 ・情熱がなければ経営を簡単に放り出す。 ・苦しい時ほど経営者のリーダーシップが求められる。
	・将来へのビジョンをもっているか? ・専門的な知識があるか?	○企業のポテンシャル ・地道な分析に基づいた経営ビジョンがあるか?「夢のようなこと」「大きなこと」を語る経営者は要注意 ・地道な分析には「自社の事業にかかわる事項についての専門性」が求められる。
	・社内外の評判は?	○外部の評価と社内の評価が異なるケースがあり注意 ・精力的に仕事をこなす優秀な社長と評価していたところ、営業部長が主力取引先と従業員を引き連れて独立したというケースはよくある。 ※中小企業では、取引先との関係は会社とではなく営業マン個人とのつながりでようやく維持されているといったケースが多いことに留意。
個人資産	・資産背景はあるか?	・長い業績があり収益力のある会社なら、見合う個人資産があるはず。 ・個人資産が把握できない場合、浪費家等経営者としての資質を疑う。 ・場合によっては収益力そのものが疑われる。(粉飾)
健　康	・健康か?	・後継者の存在、後継者の資質に目を配る!
親族等との関係	・家族や交友関係は円滑で健全か?	・不仲な場合は、相続時に会社存続に支障をきたす揉め事に発展する恐れ。 ・株主総会決議に支障きたす恐れ。
趣　味	・ギャンブルや投機に走っていないか?	・経営を顧みなくなり、一気に破綻に向かう恐れ。

第5節　これだけは聞く

　売上は利益の源泉であると同時に、業況が最も早く数字に表れるのが売上です。つまり売上を聞き出すことは渉外の基本と言えます。時折、いきなり所定の用紙に記入をお願いする金融マンがいますが、自主的に開示してくれる以外は、聞き取ることが基本です。これまで聞いたことがないのに「ペーパーで欲しい」となると、「当社に対する取組姿勢が変わったのか」とネガティブに受け取られる危険があります。

　売上の増減には必ず資金需要があります。売上が増えれば増加運転資金需要が発生し、売上が減少すれば、減算資金あるいは在庫調整資金が必要になります。場合によっては赤字資金と言う場合もあり、必ずしも前向き資金ばかりに限りませんが、資金需要があることは事実です。資金需要に結びつかないかどうかを意識しながら会話を進めることが大切です。

　主力商品の売れ行きについても聴取しましょう。ポイントは「市場動向は？」「競合他社の動きは？」「本商品（サービス）に対する将来性や見通しは？」と言ったところです。

　競合商品が現れた場合は、「その動向」「今後の商品開発計画またはその見通し」「新商品投入の計画とその商品の特徴」についてヒアリングを進め、当社の**事業性を探る**ことになります。

図表Ⅲ－6　売上を聞く際の要点

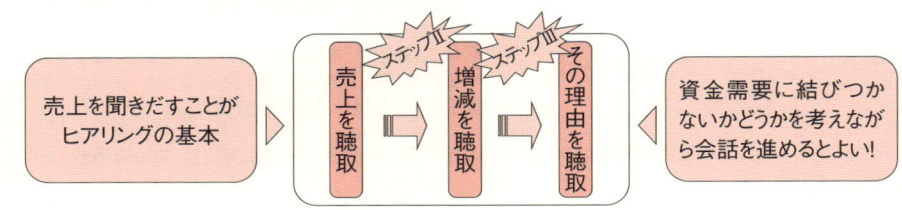

図表Ⅲ－7　売上を聞く会話の展開パターン

会話の展開パターン

資金ニーズを掴んだら！

訪問時に話題にしたいこと！	話を展開しよう！	もう少し踏み込んで聞いてみよう！
最近の売上状況	・なぜ売上が増加したのか？ ・なぜ売上が減少したのか？	資金は必要か？ 　売上増加すれば増加運転資金？ 　売上減少すれば減産資金？ 今期の決算見込みは？
主力商品の売れ行き	・市場動向は？ ・競合他社の動きは？ ・本件商品に対する将来性についての意見は？	競合商品の動向は？ 今後の新製品開発計画又はその見込みは？ 新商品投入の計画は？ その商品の特徴は？
主要仕入・販売先の動向？	仕入・回収条件の変更は？	資金ニーズは？
他行の動向は？	売り込み内容は？	それに対する当社の受け止め方は？

タイミングを逃さず更に踏み込もう！

- なにに使うのか？
- いくら必要か？
- いつ必要か？
- 希望（条件）は？
- 他行と分担割合は？

　主要仕入先・販売先の動向についてもヒアリングします。中小企業の場合、取引条件を取引先の事情に合わせて決めざるを得ないことが多いことから、条件の違う取引先のシェアが変わるだけで資金繰りに影響が生まれます。日頃より上位5社程度の売上と仕入の計画値、および取引条件についてはウォッチしておいてください（弊著「ベテラン融資マンの知恵袋」第2章第5節（2）図表Ⅱ－25参照）。

　金融機関取引状況は定例的（6、9、12、3月）にいただく必要がありますが、ペーパーでいただくだけでなく積極的に話題に出してみましょう。当行の知らない情報を基に他金融機関が動いている場合があります。優良先であれば、取引のない金融機関から新規開拓攻勢を受けている可能性があります。会話のニュアンスで、当社の考え方等が把握できる場合があります。

　毎回同じことを繰り返し聞く必要はありません。趣味の話、社会情勢の話を織り交ぜながら、うまく話題をつなぎ、トータルで聞き出すことを心

がけましょう。

資金需要をつかんだら、「いくらいるのか」「いついるのか」「希望の条件は」「他金融機関との分担割合をどうするのか」といった具体的な話を、タイミングを失することなく踏み込むことが業績推進には必要であり、その感性を持った金融機関職員は信頼されるはずです。

取引先は常に動いています。「当社の取引先はどうなっているのか」「何か変わったことが起こっていないか」といった視点を忘れず、**先入観を排除してヒアリング**をする姿勢が大切です。

第6節　実践的定性ヒアリングのコツ

（1）準備が大切

基本事項として、その企業の評判を聞いてみましょう。近所の評判、同業者の評判等、少し意識しておくだけで、様々な評判が耳に入ります。通学時間帯に「交通整理なしに大型トラックが出入りして危険だ」などの評判があると、その企業の社会性に疑問が湧きます。

実権者に会うことも重要です。会社を経営する張本人であり、その人となりを観察する必要があります。その着眼点は、第4節で述べたとおりです。

取引先に興味を持つことも大切な要素です。**お客さまのことを知りたいという気持ちが、お客さまとの距離を縮める**ことにつながります。

ヒアリングをうまく進めるには、事前の準備が欠かせません。業界や取扱商品についての予備知識を持ってヒアリングに臨む必要があります。「店周680業種融資取引推進ガイド」や「業種別審査事典」による予備学習は必須です。忙しい経営者に、**予備知識もなく、ただ教えて欲しいではうる**

さがられ、馬鹿にされるだけでしょう。

　日頃から新聞・テレビ・雑誌等で、業界のタイムリーな動きに眼を配ることも大切です。新聞には目を通し、できるだけニュースや特集番組について、関心を持ちましょう。経営者は忙しい中で、自分の商売のネタになる情報を常に求めています。そんな話題を提供できると、自然に話が弾み、それをきっかけとして企業の実態把握につなげることができます。

（2）ヒアリングのポイント

　準備が整ったら実権者に、あなたの会社のことをもっとよく知りたいという気持ちを持って、ヒアリングに入りましょう。合わせて現場（生産現場、販売現場、倉庫）を自分の目で見ることも大切です。「百聞は一見にしかず」という言葉があります。現場を見た上での発言には、重みが生まれるものです。

　自分で調べた業界動向や特性について、正しいか聞いてみるといいでしょう。ただし、正しいかどうか教えていただくという姿勢が必要です。「私（金融機関職員）が正しい」というスタンスでは、信頼は得られません。自分の認識が違った場合は、その理由を持ち帰って考えてみることが重要です。

　歴史や沿革についても聞いてみましょう。単一事業で100年生き続ける企業は稀です。長寿企業は、時代の変化の中で微妙に業態を変えながら生き残っています。歴史や沿革を捉え、その時その業界で起こっていたトピックスを重ねてみると、その企業の変化に対する対応力等が見えてくることがあります。

（3）当社の競争相手を聞き出そう

　意外と金融機関職員は取引先の競争相手を知らないものです。経営者は

競争相手を意識し、負けないように努力を重ねるものです。競争相手を聞き出し、相手に打ち勝つ要素についてヒアリングすることは、深く企業を理解するだけでなく信頼を勝ち得ることにもつながります。

　競争相手が明確になっていないことが稀にありますが、その場合、理想とする企業や目標とする企業について聞いてみましょう。

企業訪問時の着眼点まとめ

■　基　本

1．その企業の評判を聞き込もう！

2．実権者に会おう！

3．取引先に興味を持とう！

4．自分の目で見て、頭で考えて、そして検証しよう！

■　方　法

1．取引先の業界や取扱商品について予備知識を持とう！

　（1）店周680業種融資取引推進ガイドや業種別審査事典等で事前学習しよう！

　（2）業界のタイムリーな動きに目を配ろう！

　　　（新聞・テレビ・雑誌等で世の中の動きに目を配ろう！）

2．準備が整ったら、実権者に聞いてみよう！

3．生産現場、販売現場、倉庫を見てみよう！

　（現場を肌で感じることが重要）

■　ヒアリングのポイント

1．業界動向・業種特性

　・自分で調べた業界動向、特性が正しいかどうか聞いてみよう！

　・自分の認識と違った場合、その理由を探ろう！

2．沿革・組織・経営理念

・企業の歴史を知ろう！

（歴史の中に経営哲学が見えることがある）

・組織図をもらうようにしよう！

（経営体制をチェックし次世代経営者の有無、会社経営上のキーマンを把握しよう！）

・今後の事業計画、目指す方向性を聞いてみよう！

・経営者の考える当社と強み、弱みと、それぞれに対する対処方法を聞いてみよう！

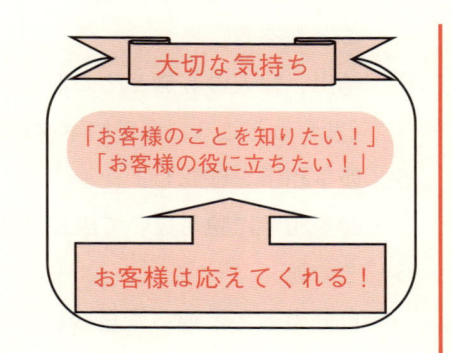

3．製品・商品構成

・取扱商品（製品）を実際に見てみよう！

・商品（製品）の特徴、競合先、市場でのシェアについて聞いてみよう！

※当社の成長性、将来性、競争力等の把握に努めよう！

4．販売先・仕入先

・主力販売先の販売額のシェアを追ってみよう！

（競合商品が現れて商品性が劣化しているかもしれない）

（競争力があることを裏付ける可能性もある）

・回収条件、支払条件の把握に努めよう！

（当社と仕入先や販売先との力関係の変遷が見えることがある）

（不良な在庫や、売上の回収不能の発生が見えることがある）

・販売先部門別の収益状況を聞いてみよう！

（最大の売上を上げている部門（商品）が実は赤字の原因という

ともある）

・輸出、輸入の有無とその形態を聞いてみよう！

　　（思わぬところに商売のネタがあることもある）

5．競争相手を確認しよう！

・競争相手に勝ち抜いて成長できる。（競争相手との比較は重要）

6．その他

・自分の考えと違った場合、「役に立ちたい」との熱意を忘れずに

　　恐れず教えを請おう！

第4章

コンサルティング営業

第1節　経営者の関心と興味は？

（1）コンサルティング営業とは

　コンサルティング営業の必要性が言われて金融機関それぞれで取組みが行われていますが、実態を見ると、格差を感じざるを得ません。

　平成27事務年度金融行政方針の重点施策として行われた融資先企業への

図表Ⅳ－1　経営上の課題や悩みについての相談状況（751社ヒアリング）

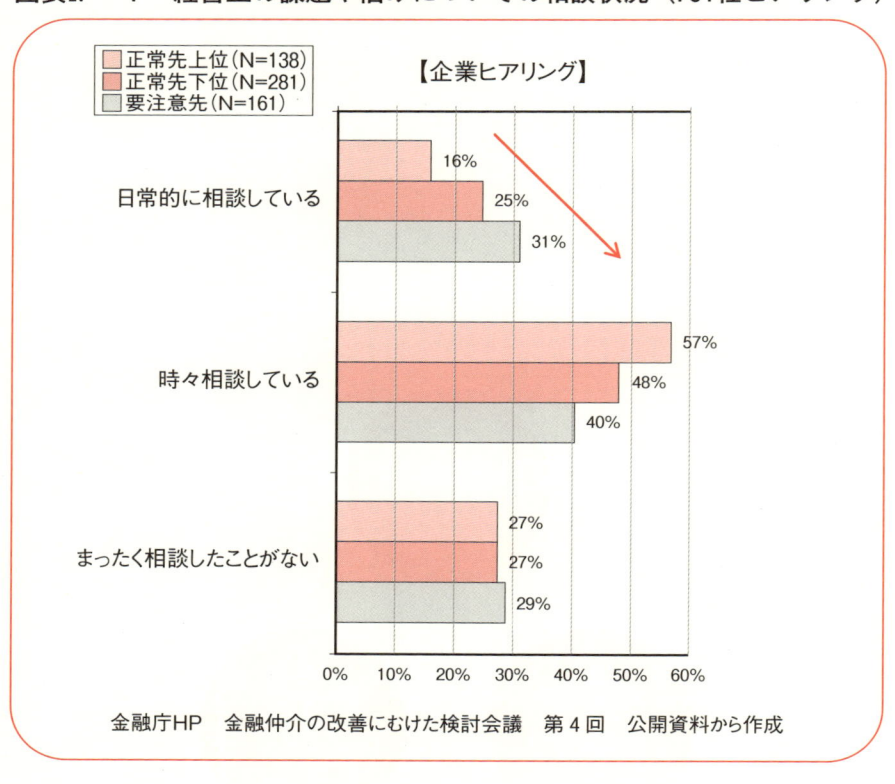

金融庁HP　金融仲介の改善にむけた検討会議　第4回　公開資料から作成

1000社（751社のヒアリングで中断）ヒアリングの中間報告によると、経営上の課題や悩みについて、メインバンクに相談している企業が約7割で、残りの3割の企業が「まったく相談したことがない」と回答しています。さらに、その理由として、最も多いのが、「アドバイスや情報に期待できない」という回答です（図表Ⅳ－1）。

　一方、企業ヒアリングで捕捉できていない小規模企業2,460社に対するアンケート調査では、実に44.6％におよぶ企業が、まったく相談したことがないと回答しています（図表Ⅳ－2）。

図表Ⅳ－2　経営上の課題や悩みについての相談状況（2,460社アンケート）

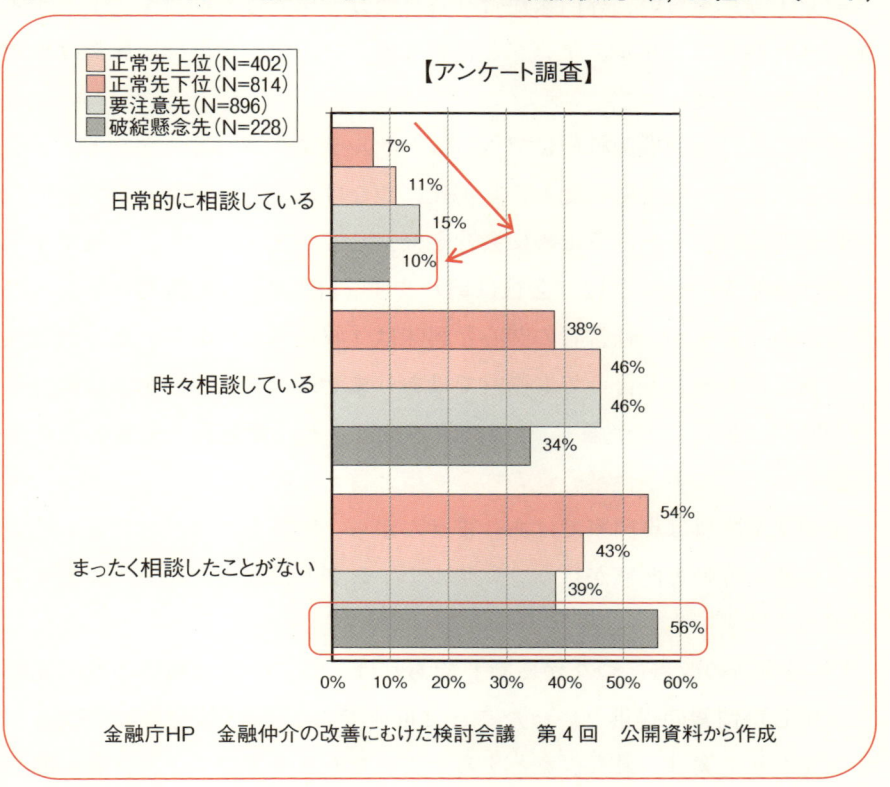

金融庁HP　金融仲介の改善にむけた検討会議　第4回　公開資料から作成

図表Ⅳ−3　中小企業の本業支援の核心

経営者の日頃の関心は？

「収益構造の改善」　←　経営者は「利益を得る」ために会社を運営している！

「資金繰りの改善」　←　経営者が資金繰りに失敗すれば企業は倒れる！
（※特に中小企業は基盤が脆弱）

　そもそもコンサルタントとは専門家（弁護士、会計士・税理士、中小企業診断士等）を言い、専門家が行う各専門分野における助言やアドバイスを行う行為をコンサルティングと言います。一方で、金融機関職員は専門家ではありません。

　本章では、金融機関職員にできるコンサルティングとは何かを考え、実践することで、**他金融機関との差別化**につなげることを目指します。

　経営者は利益をあげるために会社を経営しています。一方、利益が出ても資金繰りを失敗すれば、会社は倒れます。「勘定合って銭足らず」との名言がありますが、経営者の関心と興味は「収益構造の改善」と「資金繰りの安定にある」と言っても過言ではありません。特に中小企業は経営基盤が脆弱であることが多く、**「収益改善支援」**と**「資金繰り安定のための支援」は、正に中小企業経営の本業支援**と言えるのです。

　金融機関職員は専門家ではありませんから、弁護士、会計専門家、中小企業診断士等の専門家が行うコンサルティングとは違ったコンサルティングがあるはずです。

　「利益構造の改善につながる話」であれば、幅広い金融機関の取引先から入手した情報の提供といったことで可能でしょう。「資金繰りの改善」につながる提案は、最も得意とするところであるはずです。経営者の関心

と興味の対象である **「収益構造の改善」** と **「資金繰りの改善」に沿った会話を心がける** ことが、顧客の信頼を勝ち得ることにつながり、経営者の喜ぶコンサルティングにつながると言えます。

（2）経営者とベクトルを合わせる「財務センス」と「感性」

　経営者のよき相談相手となるためには、ささいな会話から「話のシナリオ」を頭の中で展開し、B／S・P／L をイメージすることが重要です。さ

図表Ⅳ－4　よき相談相手となるためのポイント

<table>
<tr><td colspan="1">

経営者のよき相談相手を目指せ！

「経営者とベクトルを合わせる」ための「財務センス」と「感性」が必要

※ ささいな会話から「話のシナリオ」を頭の中に展開し B／S・P／L をイメージする。
※ 更に、どこに影響を及ぼすか、または影響が及んでいるかをイメージする。

○ 社長の「悩み」や「苦労していること」が、財務諸表ではどのように現れて、どのように関連があるのか？　そのために何が必要なのか？　何ができるのか？
○ 社長が「望むこと」や「考えていること」を具現化するには、何が必要で、財務的にはどこに影響が現れ、数字がどのように動くのか？

簡単な会話を例に考えてみよう！

このさりげない一言から下記がイメージできるようになりたい。

社長）　原料価格が上がって大変なんだ。今のうちにある程度は原料をストックして置く必要がある。

※ 原料の値上がりで「原価が高騰」し「利益率が悪化」する可能性がある。
※ 更には具体的に利益がどの程度の影響を受けるかをイメージできると一層良い。

慣れたらもう1段踏みこもう！

※ 材料以外の原価要素である外注費等でカバーが図れないか？
※ 販売単価への転嫁が可能か？　そのためにはどうすれば良いのか？

必要な知識は B／S・P／L の仕組みだけ！
≪下記知識は特に必要としない≫
・細かい簿記知識　　・細かい財務分析
※後は世の中の動きに関心を払い感性を働かせよう！

</td></tr>
</table>

らに、B／S・P／Lのどこに影響を及ぼすか、または影響が及んでいるか
をイメージします。

　社長の「悩み」や「苦労していること」が、「財務諸表ではどのように
表れて、どのように関連があるのか？　そのためには何ができるのか？　何
が必要なのか？」、社長が「望むこと」や「考えていること」を具現化す
るには、「何が必要で、財務的にはどこに影響が現れ、数字がどのように
動くのか？」を考えます。

簡単な会話で考えてみましょう

　簡単な会話を例に考えてみましょう。最近の経済状況について軽
い会話をしているような時、社長から次の発言があったとします。

　「最近原料価格が上がって大変なんだよ。今のうちにある程度は
原料をストックしておく必要がありそうだ」

　原料の値上がりで「原価が高騰」し「利益率が悪化」する可能性
があることは、金融機関職員であれば誰でも知っていることです。
しかし残念ながら、多くの職員は会話の中で聞き流してしまい、次
の展開ができないようです。

　大切なのは、この当たり前のロジックに思いが飛び、次の会話で、
「材料以外の原価要素である外注費等でカバーできないか？　販売単
価への転嫁が可能か？　そのためにはどのようにするべきか？」と
いう方向に展開することです。

　必要なのはB／S・P／Lの仕組みだけです。細かい財務知識も簿
記知識も必要とはしないのです。支店に帰った後に思い出し、改め
てヒアリングに行ったとします。経営者は、「当社の現状に不安を

抱き、探りに来たのか？　と穿った見方をしても仕方がありません。

　ささいな会話の中で、信頼を勝ち得ることにつながる材料を拾い出し、タイムリーに会話を進めるテクニックを身に付けましょう。

第2節　ここを押さえれば相談相手になれる！

　ビジネスマッチングや技術開発支援、あるいは海外進出支援等は、金融機関が組織力をあげて取り組むべき課題です。

　ここでは、一般の営業店職員が、通常の業務の中で話題にできるアドバイス（コンサルティング）について解説します。当たり前すぎて、「何をいまさら…という感が無きにしもあらず」ですが、**意外と整理できていない**ことから、経営者との面談時に重要な視点が見落とされているようです。

（1）キャッシュフローの改善のための4つの着眼点

　キャッシュフローを改善する手立てなど、言葉で言えば簡単なものです。「入りを増やす」か、「出を減らす」か、そのどちらかしかありません。入りを増やすには、「利益を上げるか、回収を早くするか」ですし、出を減らすには、「支払いを遅くするか、在庫を少なくするか」ということになります。

①　「入り」を増やす方策

　利益を上げることに通じる方策については（2）で解説します。

　回収を早くする方法としては、取引条件の改善、販売先の見直し、売掛債権回収管理の強化、販売チャネルの見直し等が挙げられます。

当たり前ですが、販売した代金を少しでも早く支払っていただければ、キャッシュフローは大きく改善します。売掛期間が短縮できれば、代金決済が早く行われることになります。現金・手形の回収比率を現金重視に変更すれば、現金が早く多く入ってきます。手形期間を短縮すれば、手形が現金化するのが早くなります。すべて当たり前のことですが、**相手企業の取引先との取引条件を金融機関の担当者は**どれだけ**把握**できているか疑問です。少なくとも、業界の平均値くらいは知っておく必要があります。その中から改善余地のある先が出てくるかもしれません。

（イ）販売先の見直し

販売先の見直しとは、取引条件が有利な先に取引を変更することです。中小企業の場合、一般的に力が弱いことから、販売先の事情に合わせて取引条件を決めざるを得ない場合がありますが、業界の平均的な取引条件を把握しておけば、的確なアドバイスも可能となります。

（ウ）売掛債権回収管理の強化

中小企業の場合、「売ることはできても、回収ができない」という社員が比較的多くいます。購入先にしても「お金がないわけではないが、請求がなかったから払わなかった」ということがよくあります。当該企業の取引先に不振企業が見当たらないのに、売掛債権が業界平均より多いケースはこのような状態にあることが多いといえます。経営者から従業員に対し、手持ちの**売掛債権の回収目標を具体的に設定してやり、併せて目標達成に対するインセンティブを与えてやると、飛躍的に改善する**ものです。

（エ）販売チャネルの見直し

問屋を通した販売を直接販売に切り替えることで、小売業者に厚いマージンを提示することができます。その交換条件で「有利な取引条件を引き出す」ことも可能です。もちろん品物によっては、インターネット販売に

図表Ⅳ-5　キャッシュフロー改善のための4つの着眼点

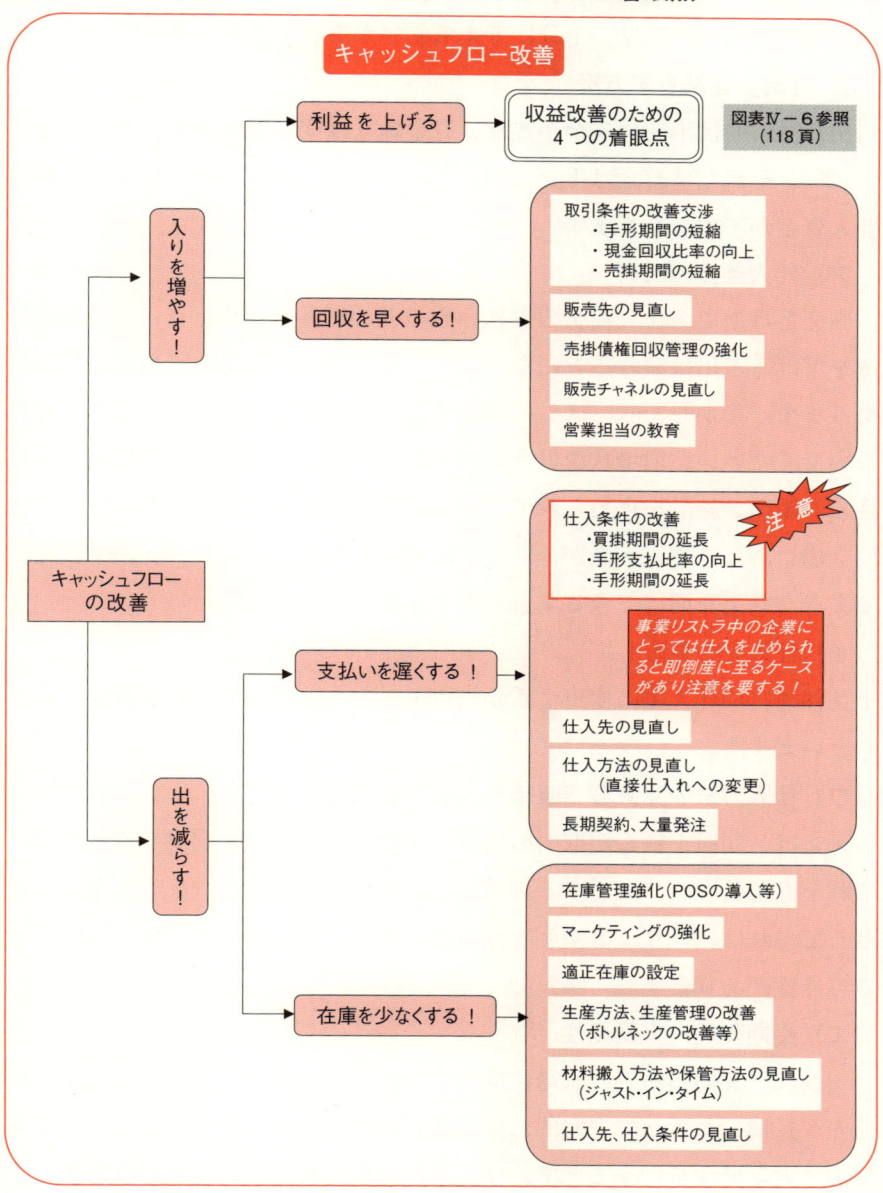

進出し現金回収比率を高くすることも選択肢となります。お取り寄せブームがみられる最近では、十分に考える価値があると言えます。

② 「出」を減らす方策

出を減らせば手元に現金が残り、資金繰りは楽になります。支払を遅くすれば、それだけお金は手元に残ることになり、在庫を減らせばそれだけ仕入資金が不要となります。

（ア）仕入条件の改善

販売とは逆で、仕入代金の支払いをできるだけ遅らせたり、現金支払比率を下げると出は減ることになります。手形期間を延長しても同じ効果があります。しかし、**収支ズレの改善には大きな落とし穴**があることを忘れないでください。窮境状況にある企業の仕入先に、支払条件の延長を申し込んだ瞬間、納品を止められて破綻ということも想定できるからです。強い立場にある企業（商品が差別化されているなど）であれば、競争入札等で大きな効果を期待できる場合もあります。

（イ）仕入先の見直し

条件の良い仕入先に変更するか、ウェートをシフトできれば効果は大きいといえます。

（ウ）仕入方法の見直し（直接仕入れへ変更等）

例えば、問屋を挟んだ取引の場合、中間でマージンが問屋に流れます。これを直接仕入れに変更することによって、マージンの一部を製造元に落としてやれば、メリットが生まれることから、良好な仕入条件を引き出せる可能性があります。

（エ）長期契約・大量発注

一般に、長期契約、大量発注は販売側にとってメリットがあります。販売先が長期にわたって安定的に確保されるからです。仕入先に対して長期契約・大量発注を行うことで、仕入条件の改善交渉が可能となります。

③　在庫を少なくする方策

在庫がないと売るものがなく客が購入に訪れても収益機会を逃すことになり、売れ残るほど在庫を用意すれば資金繰りを圧迫することになります。借入で在庫仕入資金を調達すると金利負担がかかり、収益を圧迫します。適正在庫という言葉があるのはそのためです。

しかし工夫によっては在庫の水準を引き下げ、在庫保有資金を抑えることが可能です。

（ア）在庫管理強化

POS の導入等システム的に管理するのも一つの方法です。

（イ）マーケティングの強化

マーケティングを強化し、売れ筋商品に商品を絞ることができれば、長期滞留在庫は減少します。

（ウ）適正在庫の設定

売掛債権回収管理強化と一緒で、中小企業の場合、売ることはできても在庫管理ができないということが多いようです。このような場合、経営者が各店長に対して売上目標に見合う在庫水準を設定してやることによって、飛躍的に改善することがあります。目標達成した場合に、なにがしかのインセンティブを考えてあげるとよいでしょう。社長のポケットマネーからの金一封でも、十分効果が表れます。

（エ）生産方法、生産管理の見直し（ボトルネックの改善等）

数ある生産工程の中で、ある一つの工程に処理能力の落ちるものがあるとします。すると、その工程に至るまでは順調に流れても、そこがボトルネックとなって仕掛在庫が滞留することになります。この状況を解決するためには二通りの考え方があります。

一つは、能力の劣る工程の能力を引き上げることです。他の工程と同じ処理能力となるように設備投資をすれば、ボトルネックは解消し、仕掛在

庫は解消に向かいます。

　もう一つは、原材料の投入の量を、最も能力の低い工程にあわせる方法です。どの工程も同じ量が流れることから仕掛在庫は発生しません。どちらを選択するかは、市場判断が必要となりますが、在庫を圧縮する手立てとしては有効です。

（オ）材料搬入方法や保管方法の見直し（ジャスト・イン・タイム等）

　東日本大震災では、サプライチェーンの寸断で、在庫を持たない経営に対してその是非が話題となりました。また、ジャスト・イン・タイムは仕入先に大きな負担を求めることになり、比較的立場の弱い中小企業にとっては取り組みにくい手法とも言えます。

　一方、広範囲で経済活動を繰り広げる大企業と違って、多くの中小企業は比較的狭い範囲で商業活動を行っているのが現実です。狭いエリアで完結するビジネスモデルの場合、地域の関連する企業で話し合ってジャスト・イン・タイムをシステム化することができれば大きな成果を生むことでしょう。

（カ）仕入先、仕入条件の見直し

　仕入先を、こまめに配送してくれる先に変更できれば、ジャスト・イン・タイムに近い状態を作り出せるかもしれません。一方で、仕入条件を相手に譲歩することで、デリバリー条件を有利に変更できる場合があります。仕入条件の譲歩は金が出ていくことになるから……と言って、最初から除外して考える必要はありません。

（2）収益改善のための4つの着眼点

　数量×単価が売上です。販売数量を増加させるか、販売単価を上げれば売上は伸びます。仕入単価を下げれば粗利が上がり利益は増えます。経費が下がれば利益は上がります。どれをとっても当たり前のことながら、そ

の方策について整理できていないように感じています。

収益改善のための着眼点を解説する前に、一つ心に留めておいていただきたいことがあります。物事は単純化して考えるということです。**よくできる職員が陥りやすい罠**ですが、理屈が先に立ってしまい、考えが先に進まなくなるということがよくあります。

例えば、頭は良くまわるが経験の浅い行員は「営業時間を延長すれば、勤め帰りの OL が店を覗いて商品を買ってくれることもあり、売上は伸びる。しかし、営業時間を延長すれば人件費・光熱費等が嵩み、単純に利益に結びつかない」と考えてしまいがちです。そう考えると、営業時間の延長という選択肢は最初から俎上に上がらなくなってしまう場合があります。

この店舗のターゲットが若い OL であり、郊外のターミナルビルにあるとします。この店舗周辺で OL のショッピングが期待できる時間帯は、彼女たちの勤務後の自宅時間帯であるとすると、きっと営業時間の延長は大きな効果を生むはずです。

次に述べる 4 つの着眼点について、**まずは何ができるのかを書き上げ、その上で、当社の特性を考慮しながら、最も効果のある方法を考える**という姿勢が重要です。

①　販売数量の増加

（ア）販売拠点や販売チャネルの増強

販売拠点や販売チャネルを増やせば、顧客接点が増加し、売上は増加します。

（イ）新たな市場の開拓

国内市場だけでなく海外市場に展開すれば、売上は増加する可能性があるでしょうし、販売エリアを関東圏から全国に展開すれば、市場は広がり同様に売上は伸びる可能性があります。

図表Ⅳ－6　収益改善のための4つの着眼点

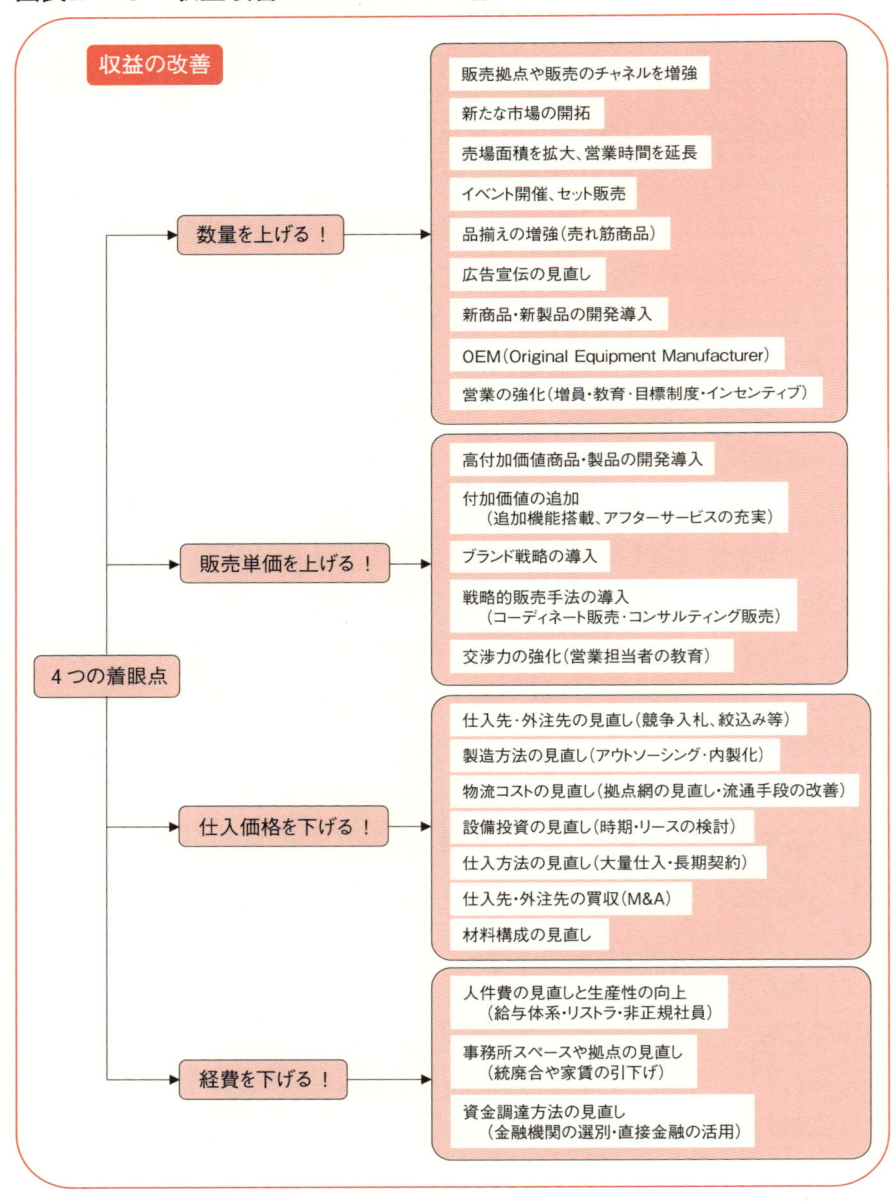

収益の改善

4つの着眼点

数量を上げる！
- 販売拠点や販売のチャネルを増強
- 新たな市場の開拓
- 売場面積を拡大、営業時間を延長
- イベント開催、セット販売
- 品揃えの増強（売れ筋商品）
- 広告宣伝の見直し
- 新商品・新製品の開発導入
- OEM（Original Equipment Manufacturer）
- 営業の強化（増員・教育・目標制度・インセンティブ）

販売単価を上げる！
- 高付加価値商品・製品の開発導入
- 付加価値の追加（追加機能搭載、アフターサービスの充実）
- ブランド戦略の導入
- 戦略的販売手法の導入（コーディネート販売・コンサルティング販売）
- 交渉力の強化（営業担当者の教育）

仕入価格を下げる！
- 仕入先・外注先の見直し（競争入札、絞込み等）
- 製造方法の見直し（アウトソーシング・内製化）
- 物流コストの見直し（拠点網の見直し・流通手段の改善）
- 設備投資の見直し（時期・リースの検討）
- 仕入方法の見直し（大量仕入・長期契約）
- 仕入先・外注先の買収（M&A）
- 材料構成の見直し

経費を下げる！
- 人件費の見直しと生産性の向上（給与体系・リストラ・非正規社員）
- 事務所スペースや拠点の見直し（統廃合や家賃の引下げ）
- 資金調達方法の見直し（金融機関の選別・直接金融の活用）

（ウ）売場面積を拡大、営業時間を延長

　売り場面積を拡大すれば、陳列に工夫でき幅が広がるし、商品ラインナップの充実も図れることから売上は伸びるでしょう。広く入店しやすくなったことから、来店客が増加し、売上につながることもあります。営業時間の延長はすでに述べたとおりです。

（エ）イベント販売、セット販売

　お得意さまを絞ったイベントを計画し、特典を付与することで、売上は上がることはよく知られています。顧客層にあった商品をイベント用に揃えることにより、接客も違ってきます。顧客は、つい居心地の良さから商品の購入に走る場合もあります。商品性に自信があるが、知名度が足らないという場合、セット販売も有効です。以下は著者の経験です。

ヒント

セット販売（プレミアム芋焼酎：森伊蔵・村尾・魔王・伊佐美）

　芋焼酎の中に昔からプレミアムの付く銘柄として「森伊蔵・村尾・魔王」が知られていますが、その一つに関連した経験です。

　今から15年ほど前、魔王にプレミアムが付き始めるころの話です。魔王を買いに行くと必ず伊佐美が荒縄でセットで売られていました。全国的にそうなっていたのか、ある特定の地域だけであったのかは不明です。

　当時単身赴任していた私は、上席が遅くまで支店にいると嫌われることもあり、社宅に帰り、魔王を飲んで寂しさを紛らすということが度々でした。酒の量販店に魔王を買いにゆくと、伊佐美が荒縄で縛られ、セットで販売されていました。

　ある時、鹿児島に行く機会があり、有名ホテルで驚きました。な

んと、伊佐美が非売品となっているではありませんか。セットで購入した焼酎好きが、目的の銘柄を飲み干した時に、飲んでみて「いけるじゃないか」といった具合に人気が出たのでしょう。

　実はこの話には落ちがあります。

　鹿児島の税理士会に「金融機関の財務の捉え方」というテーマで招かれ、講演した時の話です。懇親会の席で会長から、「今日の話で、一つだけ間違いがある」と指摘され、冷や汗をかいていたところ、「芋焼酎の中で最も早くプレミアムがついたのが伊佐美だ」というご指摘でした。森伊蔵・村尾・魔王はその後人気が出たということです。

　商品性に自信があるが、知名度が足らないという場合、セット販売も有効であるという一つの事例として記憶しておいてください。

（オ）品揃えの増強（売れ筋商品）

　売れ筋商品の品揃えが整えば、売れるのはあたりまえです。

（カ）広告宣伝の見直し

　当社の商品を買ってもらうためには、販売先が特定される業種を除いて、当社の知名度の向上は不可避です。しかし、効率よく広告宣伝が打たれているかというと疑問が湧くケースが多いようです。

─── ヒント ───

広告のデザイン会社に広告宣伝の重要性をアドバイス？

　筆者は次のような経験をしたことがあります。

　やはり15年ほど前、融資部で、特定先企業の経営支援を担当して

いたころの話です。前任地の取引先からいきなり「飲まないか」と
の誘いがあり、帰省した折りにお会いしました。当社はデザイン性
の高い広告を得意とする企画印刷会社（第3章第4節「まったく逆
の経験」というコラムに紹介した会社）です。

　寿司をつまみながら、ひとしきり思い出話の後、「次長（前任地
では次長であったことから、今でも次長と呼ばれます）からみて、
弱点を一つだけ挙げててくれ」との問いかけがありました。

　当社は、関東営業部長がクライアント企業と従業員を引き連れて
独立した痛手からようやく立ち直りの足取りが確実になりつつある
状況でした。

　私は、「重たい書籍を扱うわけではないから、消費地立地型であ
る必要はないが、地元での知名度が低いのが弱点と思います」と返
しました。社長は「なるほど」と頷き、「その弱点を克服する方策
を一つだけあげてくれ、二つは言うな」と切り返します。広告宣伝
を生業とする会社です。広告宣伝の重要性を指摘したいのですが、
なかなか言い出せるものではありません。

　しばらく考える振りをして、意を決して、「広告宣伝の問題と思
いますが、新聞の折込み広告や通勤電車に掲示してある広告の類で
はないと思います。取引先の社長は、日頃忙しくしている中、土曜
日と日曜日の午前中はどのように時間を使っているとお考えですか」
と問い直しました。

　「自分は金曜日の晩から釣りに出かけ、釣った魚をクライアント
企業の社長宛てに届ける準備をしているが、当地の財界人はゴルフ
だな」という回答です。当地には4コース72ホールを有する名門ゴ
ルフ場があります。その内の1コースは完全メンバーシップで運用
されており、当地の財界人の社交場となっています。「社長は日曜

日をどう過ごされますか」とさらに質問をかぶせました。「散歩の後は NHK の日曜討論、民放の経済バラエティー番組をはしごで見ているよ」との回答です。

　ようやく本題に入れます。「民放の経済バラエティー番組に広告を打つことを検討されてはいかがですか。日曜日の午前中は多くの経営者は社長と同じと思います。この時間帯に広告を打つことができれば、一気に知名度が上がると思います。民放のひとつは、私たちと取引がありますので、ご紹介いたしましょう」と締めくくりました。

　結果は想像以上でした。日曜日の朝 9 時〜10 時のゴールデンタイムに、地元上場企業と並列でスポンサーになることができたのです。おかげで、思わぬプレミアムが付きました。あの上場企業と同じ扱いで同時に広告を打てる信用のある会社だと…。その後の同社は、地元での足場も固まり、順調に業績を伸ばし、今では実質無借金経営の超優良企業に成長しています。

（キ）新商品・新製品の開発導入

　人間にライフステージ（幼年期・少年期・青年期・壮年期・中年期・高年期・晩年）があるように、商品や製品にもライフステージがあります。需要がピークとなり飽和点に達したとき、新たな商品や製品の開発導入を怠ると、売上は減少を始め、衰退期から激減期へと向かっていくことになります。新商品や新製品の開発と導入は、収益改善策として普段から考えておく必要があります。

（ク）OEM（Original Equipment Manufacturer）

　OEM とは「Original Equipment Manufacturer」のことで、納入先商標

による受託製造を指します。販売力のある相手企業のブランドで製造することで、販売個数の増加が期待できます。販売先には自社工場を持つというリスクを回避できるメリットもあります。

（ケ）営業の強化（増員・教育・目標制度・インセンティブ）

今の時代、管理部門から営業部門に人員を移したからと言って簡単に売上が伸びる時代ではありませんが、営業戦力の増員は、選択肢として残ります。効率的な営業手法を営業担当者に教え込むことも効果があると言えます。企業は、その歴史の中で失敗を繰り返し、効率的な販売手法や営業手法を経験的に獲得しています。事業が成熟期を迎えると、簡単に売上は伸びず、利益の拡大も難しくなります。すると、効率的に売上を伸ばし利益を獲得するために、そのノウハウをマニュアル化し、金太郎飴のように一律に従業員を管理しようとします。一見効率よく売上と利益を獲得することにつながり、「理に適っている」ように見えますが、マニュアルには、書いてあること以外は許さないという側面があり、**「考えることを忘れ」「判断力を失い」予期せぬ事態に対応できない従業員が生まれることにつなが**ることを知っておきましょう。

コラム

■マニュアル化の罠

企業は、歴史の中で経験的に効率的な販売手法や営業手法を取得している。事業が成熟期に入り、簡単に売上を伸ばしたり利益を拡大することが難しくなると、それまで獲得した最も効率的な販売手法と営業手法をマニュアル化して統一的な手法で経営効率を追求する。いかにも「理に適っている」ように見える。しかし、これには将来の企業の成長性を奪い去ってしまいかねない罠が潜んでいることを忘れてはならない。

マニュアルは次のような側面を持つ。マニュアルに書いてあるようにさえしておけば失敗も免責されるという側面である。逆の言い方をすると、マニュアル化はマニュアルに書いてあること以外は許さないという側面がある。つまり、考えることを忘れ、判断するということから遠ざかる結果をまねく。予期せぬ事態が発生した場合に、対処できない社員で満たされる危険がある。

《マニュアル化の罠》

　　　　企業は挑戦と失敗を繰り返し成長するもの。

成熟期を迎えると！

　　　　簡単に売上を伸ばしたり利益も拡大することが難しくなる。

　　一方で

　　　　企業は多くの失敗を経験し、効率的な販売手法や営業手法を取得しているもの

　　よって

　　　　そのノウハウをマニュアル化し、効率的に売上を伸ばし利益を獲得しようとする行為は一見「理に適っている」ように見える。

マニュアル化とはマニュアルに書いてあること以外は許さないという側面がある。

> 結果
> ・「考えることを忘れ」「判断力を失い」予期せぬ事態に対応できない社員が生まれる。
> ※言い換えると組織は反って非効率となる可能性を抱えることになる。

②　販売単価増加策

　購入者から見て、なにがしかの価値が加わってはじめて販売価格の引上げが可能となります。購入者から見た価値とは、原材料の質（例えば本革製か合成皮革製か）だけでなく、希少性や優越感、流行といったものもあります。購入者の購買意欲をそそる手法について整理します。

（ア）高付加価値製品の開発導入

　付加価値が加われば、今より高く売れるのは当たり前です。一方で、ガラパゴス化には気をつける必要があります。ユーザーが必要としない高付加価値化はかえって市場の支持を失うことになりかねません。

（イ）付加価値の追加（追加機能搭載、アフターサービスの充実）

　追加機能の搭載については、「ラジカセ」を思い出してください。ラジオはテレビに押され、カセットはコンポーネントステレオに押され、共に市場性を失いつつある商品でした。この市場から消えかけた二つの機能を組み合わせることで誕生したのがラジカセです。「野外に持ち出しても録音再生が簡単」「再生の音質もよい」という、その手軽さから、時代を席捲する商品に成長しました。

　アフターサービスの充実は、他社との差別化につながると同時に、価格転嫁についてもある程度許容されているようです。家庭用電気製品を量販店ではなく、近くの電気店から購入している方の購入理由は、「気安く蛍光灯の取り換えでも来てくれて助かっているからだ……」などというようなことは結構あるようです。

（ウ）ブランド戦略の導入

　エルメスやルイヴィトンを考えてみましょう。仮に素材が良いにしても、あんなに製造原価が高いはずがありません。ブランド戦略の有効性は、改めて語る必要はないでしょう。

（エ）戦略的販売手法の導入（コーディネート販売・コンサルティング販売）

コーディネート販売もコンサルティング販売も一種の付加価値です。納得性があれば消費者に高く買ってもらえることにつながります。

（オ）交渉力の強化（営業担当者の教育）

最も効果的な交渉術等を研修等で徹底することも効率的です。しかしマニュアル化には罠が潜むことを意識の片隅に残しておく必要があります。

③　仕入価格引下げ策

（ア）仕入先・外注先の見直し（競争入札、絞込み等）

仕入が分散している場合に1社に絞り込むことによって、仕入先に大量発注できるというメリットがあります。交換条件に仕入単価の引下げ交渉が可能です。競争入札により、より仕入れ価格の安い先を探すことが有効なのは言うまでもありません。

（イ）製造方法の見直し（アウトソーシング・内製化）

製造工程の一部を外注しているが、内製化するほうがコストダウンとなるという場合があります。あるいは、その逆に内部製造をやめて外部委託（アウトソーシング化）した方が安上がりということもあります。

一方、余剰人員を抱えていることが多いのが窮境企業です。内製化していたものを外注に出すという行為は、人件費を外に払っていると同じ側面があることを忘れてはなりません。

（ウ）設備投資の見直し（時期・リース）

更新投資を考える場合、**借入による投資より、一時的にリースで対応するほうが有利なケース**もあります。当社の製造設備が更新の時期を迎えていると仮定しましょう。2年後には、今現在の最新機械より3割能力の高い機械が市場に出ることがわかっています。現機械は耐用年数を経過しようとしており、更新の必要がありますが、2年後には能力不足となってしまいます。競合他社に負けないためには、2年後に再び設備が必要となる

わけです。しかし、借入で今機械を購入すると、2年後最新式機械を購入時に、簿価を残したまま廃棄せざるを得ないことになります。大きな廃棄損が発生するわけです。であるなら、リース料が多少高く見えても、2年後まではリースで機械を調達し、2年後に新たな機械を調達する方がトータルコストが安く済むケースもあることを忘れてはなりません。

ヒント

融資かリースか

　上記のケースでは、多くの場合、「せっかく資金需要があるのだから、融資で対応したい」と思うのがノルマを背負った金融機関職員の考え方です。

　しかし、よく考えてみましょう。競合他金融機関から、取引先に「○○銀行はリースを勧めてくれなかったのですか？」と話を向けられると、それまで諸先輩たちが積み上げてきた信用と信頼を、あっという間に失うことになりかねません。

（エ）仕入方法の見直し（大量仕入れ・長期契約）

　仕入先の絞込みと同じですが、大量仕入れ・長期契約は取引先のメリットとなります。それを武器に仕入価格削減交渉が可能となります。

（オ）仕入・外注先の買収（M＆A）

　必要な人材を採用し、育てながら新たに部署を立ち上げるより、必要な人材を抱えている企業をそっくり買ってきたほうが安くあがる場合があります。

　たとえば中央から地方都市に進出を考えたとします。しかし排他的な土

地柄のため、その地域になかなか浸透できないとすると、時間と大きなコストがかかることになります。であるなら、いっそのこと、その地域に根差した企業を買収してしまったほうが、スムーズに進むことだってあります。

（カ）材料構成の見直し

製品の元となる材料を固定的に捉える必要はありません。できあがる製品の質が劣後しないことが条件ではありますが、常に見直す研究心が必要です。先の尖閣諸島国有化のおり、中国は「レアアース・レアメタル」の生産停止という形で、我が国に圧力をかけてきました。しかし、我が国の総合商社は、あっという間に代替品を見つけ出し、大きな混乱はなかったのは記憶に新しいところです。

また、中小企業の場合、基本的に情報量が少ないことから、一度決めたレシピを半永久的に変更しないということもよく起こります。日頃から、新しい廉価で質のよい材料に置き換えることができないか…という視点を忘れずに、情報の収集を図りましょう。

ヒント

尖閣諸島問題とレアアース

2010年9月7日午前、尖閣諸島付近で操業中であった中国漁船と、違法操業として取り締まろうとした海上保安庁の船舶の衝突事件を、尖閣漁船事件または中国漁船衝突事件と呼びます。

中国は外交カードとして「レアアース」の対日禁輸に踏みきりました。外交事件としては、漁船の釈放という形で日本側の一方的な敗北に終わったというところです。しかし、対日経済制裁の対象となったレアアースは、脱レアアース・脱中国依存を目指す日本側の技術開発に火をつけることになりました。結果として、中国側では

日本へのレアアースの輸出が激減し恒常的に減産に追い込まれるという誤算を招いたのはあまり知られていないことかもしれません。

④　経費引下げ策

　経費引下げとは「無理、ムラ、無駄」の排除であり、別の言い方をすれば業務リストラということになります。再生支援ステージでの事業リストラとなると、業種平均との比較、直接の競争相手との比較など、会計専門家や中小企業診断士の力を借りて掘り下げる必要がありますが、本書では若い渉外職員であっても、取り組みやすい項目について留意点を解説します。

（ア）人件費の見直しと生産性の向上（給与体系・リストラ・非正規社員）

　人件費の見直しは金融機関が最も得意とするところです。費用項目のなかでもボリュームが大きいことから、誰もが眼を向けるところです。固定費の削減は短期間に成果が出るだけに、真っ先に手をつけたくなります。

　しかし、労働者の権利は労働組合の有る無しに関わらず、等しく認められている権利であり、解雇を伴う雇用調整によって、人件費の削減等を図るのは容易ではありません。

　よく、経費の効率化のために、「外注を検討せよ」という話があります。内製している工程を外注したほうが効率がいいという場合です。しかし、窮境状況に企業があると、多くの場合、仕事が減って過剰人員になっています。余剰人員を他に振り向けることで生産性が上がるという場合を除いて、外注に切り替えるということは人件費を外に払っているという側面があり、かえって非効率になることがあることを忘れてはなりません。

　中小企業の場合、人事体系や給与体系が整備されていないケースが多いようです。仮に体系があったとしても社長のお気に入りに対して、秘密の給料や賞与が支払われていることもあります。経営者のポケットマネーか

129

ら支払われているなら可愛いですが、仮払金という形で会社から不健全な支出がなされているケースがあります。**人事体系・給与体系の確立と厳格な運用にも注意**を払いたいところです。

人件費の流動費化は財務にダイナミズムを生み、資金繰りに好影響をもたらす効果があります。しかし、**労働の質に目を配る必要**もあります。単純労働と熟練労働では大きな違いがあります。熟練労働者の人件費を流動費化してしまうと人材の流出につながる場合もあります。給与体系や賃金カットも、競合他社から必要な人材の引抜きリスクにさらされることになりかねません。

必要な人材は誰なのかを見極め、その人材を引き留めるにはいくらの賃金が必要なのかを、見極める重要性を知っておいてください。

ヒント

外注か内製か？（外注は外に人件費を払うという側面がある）

経営者は**従業員とその家族の生活に大きな責任**を負っています。筆者は次のような体験をしたことがあります。将来の幹部と目されている中堅社員とある企業の再生計画を策定し、経営者に対して合意を得るために説明した時のことです。

「ここまで社長が取り組んで下さったら、もう少し従業員には我慢いただく必要があるが、リストラはしなくて済みますよ」との筆者の発言に対し、返された答えは次のものでした。「銀行本部の審査役が直接乗り込んでくるということで、どこまで無理難題を言われるかと不安でした。従業員をリストラせずに済むなら、私は向こう２年間給料はいりません。多少の蓄えはあるので…」というものでした。私的整理のガイドラインが公表される前で、手探りで取り

組んでいた時の話です。

　私が母体行を退職し、東京に居を移した時、同社の商品を記念に購入させていただいたことがあります。配送においでになった担当の方から、次のようなお話をいただきました。

　（担当）「今朝、社長からくれぐれも失礼のないように…、という電話がありました。社長とはどのようなご関係ですか？」

　（筆者）「前職の時に、社長に大変お世話になったのですよ」

　（担当者）「どちらにお勤めでしたか？」

　（筆者）「○○銀行です」

　（担当者）「ということは、私たちがお世話になったということですよ。社長からの電話の意味がわかりました」

というものです。

　15年前、この会社の再生支援に取り組んでいた時に、この担当者はリストラを覚悟していたそうです。あの時、工場間の移動に使用していた車両を利用し、外注していたエンドユーザーへの配送部門を内製化するというグランドデザインを描いていました。できれば、人員整理は避け、雇用は確保したいという思いです。

　（担当者）「あの時のメイン銀行のおかげで、私今年で70歳になるのですが、こうして働かせていただいているのです」

　いきなり、従業員のリストラから入れば、経営者だけではなく、従業員からも金融機関の出方に不信感がつのり、この企業の再生は成功しなかったでしょう。

（イ）事務所スペースや拠点の見直し（統廃合や家賃の引下げ）

　不必要に広い事務所スペースは賃料がもったいないですね。交通網や情

報網の発達から従来は必要であったが、すでに役割を終えた事業所もあります。資産デフレの中で、近隣のオフィスの家賃は低下しているのに自社の賃料は見直していないケースは以外と多いものです。家主としても、空室を穴埋めするためには賃料を引き下げなくてはならないが、既存の店子については、言ってくるまで放っておきたい気持ちがあるものです。いずれも非効率であり、不要なコストを支払っている例と言えます。

<hr>

ヒント

*銀*行員は気を遣いすぎ？

　無理、無駄、ムラの排除には、「聖域なき見直し」が必要です。銀行員は、取引先へ影響が出ることを恐れて、事なかれ主義に陥ることが多いようです。

　技術の集積した地方都市で、地場資本の上場企業および関連会社を取引の中心とする戦略店舗に次長として勤務していたころの経験です。

　支店フロアの清掃を外部業者に依頼していました。ある時、別の業者が見積もりだけでも…ということでお見えになりました。この支店では、地元大企業の関連子会社に、支店開設以来、清掃をお願いしていました。本体および関連会社を含むと百数十億円の巨額融資があります。緊密な取引関係にあることから、これまで、本体取引に影響が及ぶことを恐れ、見直したことがありませんでした。事情を話して、断わろうとしたところ、「見積もりだけでも…」と粘られて、断ることを前提に応諾しました。出てきた見積もりは、これまでの7割で引き受けるとのことでした。

　さすがに7割は目に沁みます。意を決して、清掃を受け持ってい

ただいてる会社に出向き、交渉することにしました。相手は専務取締役でした。ひととおりお話した後で専務から思わぬ一言が発せられたのです。

「有難うございます」

一瞬、耳を疑いました。よく聞くと、当社の清掃部門はすでに15年前に廃止しており、この支店のためだけに外注して、清掃を受けていたということでした。この会社は無借金経営の優良会社であることから、決算書や事業概況書等をいただくこともなく、われわれもその事実を知りませんでした。専務は次のように続けました。

「親会社と銀行の取引にひびが入ってはまずいと思い、言い出せなかったのです」

「おたがい馬鹿ですね」

二人して大笑いです。意気投合し専務と飲んだその夜のお酒の味は今も忘れられません。

（ウ）調達方法の見直し（金融機関の選別、直接金融の活用）

金利で金融機関を選別しようというお取引先も中にはありますが、直接的な金利メリットではなく、金融機関の取引先に対する取組姿勢、あるいはあなたの該当企業と向き合う熱意を伝えることが大切です。金利競争に陥らない、安定した息の長いお取引の構築のためにも、深く胸にとどめてください。

直接金融は出資を募れば、返済を伴わないことから、キャッシュフローは楽になります。面倒な手続を必要としない少人数私募債も有効な手段となることから、アドバイスの折の選択肢として覚えておいて下さい。

第 5 章

事業性評価の手法

事業性評価に基づく融資への取組みを求められる昨今ですが、多くの金融機関職員はイメージがつかめず、悩んでいるようです。事業性評価の手法として、一般にはSWOT分析の有効性が言われますが、中堅企業であるならともかく、中小零細企業にSWOT分析が馴染むのでしょうか…。

　そのとおりです。中小零細企業では、世間一般に言われる業界動向より、地域で支持を受けているかどうか…、の方がよほど当社の事業性評価につながるケースが多いのです。

　本章では、まず、中堅企業に有効な手法であるSWOT分析のポイントについて解説します。そのポイントは**当該企業の競争相手がどの企業であるかを経営者と共通認識し、当社と競争相手企業を比較しながら議論を進める**ところにあります。

第1節　中堅企業の事業性評価

（1）SWOT分析

　SWOT分析は、目標達成のために意思決定を必要とする組織の「プロジェクト」や「ビジネス」における「強み・弱み」「機会・脅威」を評価し、戦略的に活用するためのツールです。言い換えると、自社の内部環境（経営資源）と外部環境（経営を取り巻く環境）の分析を基に、経営戦略や経営計画を作成する手法です。事業性を評価するのに、うってつけの手法と言えます。

　しかし、残念なことに、金融機関職員の作るSWOT分析は、例えば「店周680業種融資取引推進ガイド」（銀行研修社）、業種別審査事典（きんざい）等で、一般的に言われていることが、取りまとめられ、単なるSWOT

要素の羅列に終わっているケースが多いようです。

　一般に、「この業界にとって良い」と言われる動きは、「その業界に所属するすべての企業にとって追い風」です。この業界にとって良い動きを文字どおり「機会」にするには、追い風を競争相手より強く帆に受ける力が必要です。帆に受ける力が競争相手より弱ければ、業界にとっては「機会」であっても、当社にとっては「脅威」となるという視点を持つことが重要です。

（2）SWOT 分析の進め方

　SWOT 分析の進め方としては、外部環境の把握および内部環境の把握を行います。

　外部分析では、一般的に言われる業界にとってのものではなく、当社にとっての「機会」と「脅威」を探ります。一方、内部環境分析では、自社でコントロール可能な事象に対し、競争相手比較して優位にあるか劣っているか…、を検討します。

①　外部環境分析における切り口

　外部環境とは、自社ではどうしようもないものであり、マクロ的アプローチとミクロ的アプローチがあります。

　マクロ的アプローチとは、自社の業績に間接的に影響を及ぼすであろう要素を検討することです。具体的な切り口の例としては、社会情勢、国際情勢、経済環境、産業技術革新、企業経営等があげられます。ここで言う企業経営とは、例えばコンプライアンスの高まる機運等、経営者自身ではどうしようもない社会的規範の変化等をイメージしています。一方、ミクロ的アプローチとは、自社の業績に直接的に影響を及ぼす要素の分析であり、具体的な切り口は、市場、顧客、競争相手等があげられます。

　マクロ、ミクロに関わらず、外部環境分析は、前出の「店周680業種融

図表Ⅴ－1　SWOT分析の着眼点

分類	大項目	内　容	備　考
内部環境分析	強み Strength	目標達成に貢献する組織の特質 経営資源上、競争相手よりも勝っている点	自社でコントロールできる！ ■どのように強みを活かすか？ ■どのように弱みを克服するか？ 競争相手と相対的に比較 ・強みと思われる要素であっても競争相手と比較して当方が優れていて初めて強みとなる。 ・今優位性があっても、それが今後も確保できなければ強みとはならない。
	弱み Weakness	目標達成の障害となる組織の特質 経営資源上、競争相手よりも劣っている点	
外部環境分析	機会 Opportunity	目標達成に貢献する外部の特質 うまく活用すれば業績が拡大する外部環境の変化	自社ではどうしようもない！ ■どのように機会を利用するか？ ■どのように脅威を取り除くか？ ・業績にプラスと思われる外部環境であっても環境変化に対する対応力が競争相手より劣っていれば機会とはなりえない。 ※競争相手より早く環境の変化に対応できなければ機会とはならない。
	脅威 Threat	目標達成の障害となる外部の特質 そのまま放置すれば業績が悪化する環境の変化	例えば、外部環境分析で、機会に「高齢化社会の到来」をあげるとするなら「シニア商品の開発力」が競争相手と比較して勝っている等の要素が必要。

資取引推進ガイド」、「業種別審査事典」等でおおよそを把握し、日頃の新聞、ニュース、特集番組等で総合的に把握することになります。

②　内部環境分析における切り口

自社でコントロールできるものが内部環境です。事業セグメントごとに競争相手と比較してみて当社の「強み、弱み」を検証します。具体的には、人材や財務力の違い、製造能力差、あるいはマーケティングの優劣を**競争相手と比較して検討**することになります。

③　SWOT分析表の作成

外部環境分析で「機会・脅威」を内部環境分析で「強み・弱み」を抽出し、SWOT分析表に整理します。この時、くどいようですが、競争相手と並べて考える視点を失うと、単なるSWOT要素の羅列に終わり、有効な分析にならないことに注意してください。

図表Ⅴ－2　SWOT 分析の進め方

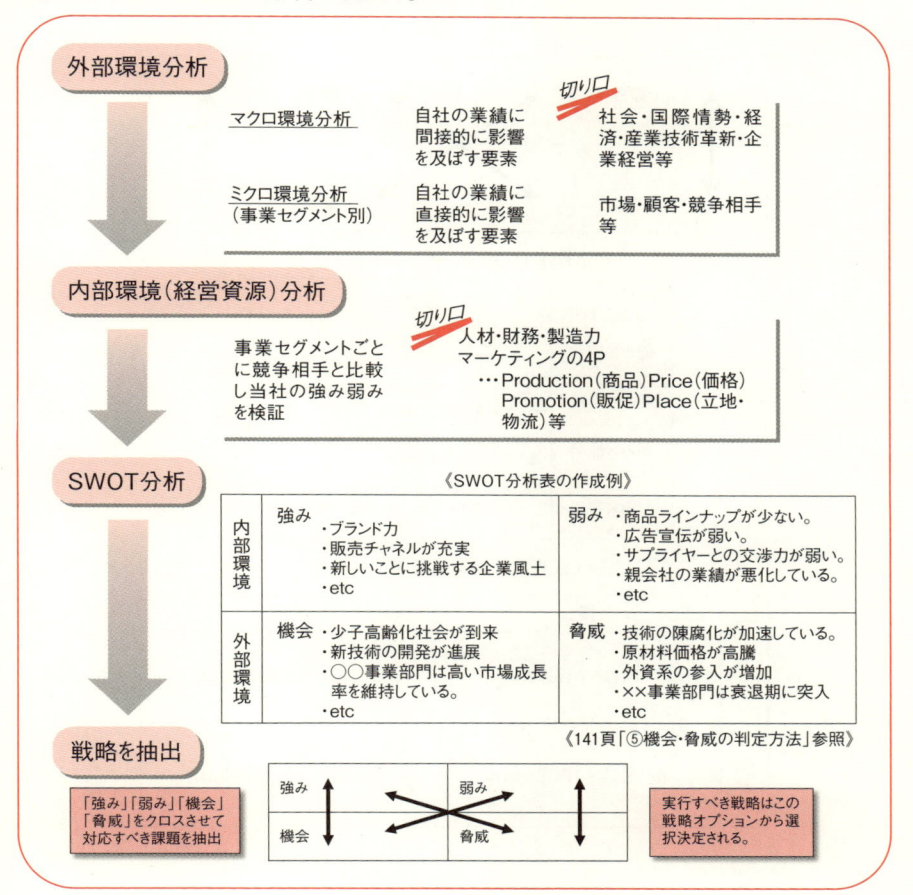

④　クロス SWOT 分析

　いよいよ、課題の抽出と事業性評価です。まず、SWOT 分析表に整理した「機会・脅威」「強み・弱み」を上下斜めで組み合わせ、取り組むべき課題を抽出することになります。その上で、「強み×機会」では、「強み」によって「機会」を最大限に活用するために取り組むべきことは何か…、「強み×脅威」では「強み」によって「脅威」の悪循環を回避するために

図表V−3　クロス SWOT 分析の考え方

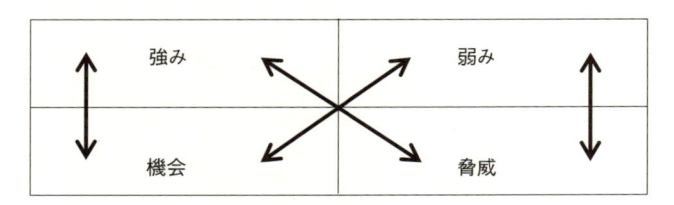

SWOT分析を活用し経営戦略を検討する!

SWOTの組み合わせ	着眼点
強み×機会	「強み」によって「機会」を最大限に活用するために取り組むべきことは何か?
強み×脅威	「強み」によって「脅威」の悪循環を回避するために取り組むべきことは何か?
弱み×機会	「弱み」によって「機会」を逃さないために取り組むべきことは何か?
弱み×脅威	「弱み」と「脅威」により最悪の結果となることを回避するために取り組むべきことは何か?

《戦略オプション検討表》

	機会	脅威
強み	取り組むべき課題を抽出	取り組むべき課題を抽出
弱み	取り組むべき課題を抽出	取り組むべき課題を抽出

取り組むべきことは何か…、「弱み×機会」では「弱み」によって「機会」を逃さないために取り組むべきことは何か…、「弱み×脅威」では、「弱み」と「脅威」により最悪の結果となることを回避するために取り組むべきことは何か…、を考えることになります。

　そもそも SWOT 分析は、自社の内部環境（経営資源）と外部環境（経営を取り巻く環境）の分析を基に、経営戦略や経営計画を作成することを

目標としています。一言で言うと、機会を正確に捉え、脅威を的確に回避することにあるともいえます。

　本来事業性の認められる事業（企業）とは、仮に現在弱点があっても、SWOT 分析の結果、「生き残り」や「成長」戦略を描くことのできる企業のことであるはずです。

⑤　機会・脅威の判定方法

　機会・脅威の判定は慎重さが求められます。自社にプラスと思われる外部環境変化は競争相手にとっても同様にプラスに働くからです。環境変化に対して「対応力が競争相手より勝っているか。競争相手より先に対応できるか」がポイントになります。

　デジタルカメラの業界に属す企業を例にとって考えてみましょう。「少子高齢化社会の到来」が「業績にプラスと思われる変化」であると考えたとします。高齢化社会は余暇を生むが年金受給の不安から贅沢はできません。しかし、手軽な遊び道具としてデジタルカメラは、「高齢者にとってうってつけのオモチャになり得る」ことから、当社の業績伸展には絶好の機会になるということです。しかし、競争相手と比較して、その機会を掴む力が弱かったら機会にはなりえません。競争相手に負けるということになり、むしろ脅威かもしれません。

　そこで、業界にとって機会と見える環境の変化を当社が掴むには、何が必要かを考えてみます。シニア対応商品を生み出す技術力、開発力、カスタマーサポート態勢等々が考えられます。その自社の対応力が、直接の競争相手と比較して、強ければ当社は競争に打ち勝ち生き残っていけるはずです。一方、その対応力が競争相手より弱かったら、恐らく、競争に負けて、生き残ることは難しいと言わざるをえません。

　必要な対応力の抽出と競争相手との比較は、経営者との会話の中で深めていくことが求められます。

図表Ⅴ-4　機会・脅威の判定マトリックス

SWOT分析は、競争相手を明確に意識することが重要

《判定のマトリックス》

外部環境の変化が　一般にいい傾向と思われる場合を　＋
外部環境の変化が　一般的に悪い傾向と思われる場合を　−

環境変化の影響	自社の対応力	競争相手の対応力	判定
＋	強い	弱い	機会となり得る
−	強い	弱い	
＋	今は弱いが将来強くなる	弱い	
−	今は弱いが将来強くなる	弱い	
＋	弱い	強い	脅威となり得る
−	弱い	強い	
＋	弱い	今は弱いが将来強くなる	
−	弱い	今は弱いが将来強くなる	
＋ or −	競争相手と同等	自社と同等	・競争相手より早く手を打てれば機会 ・相手より手を打つのが遅れれば脅威

分析事例：「誰でもコンサルタント：武藤一成氏　インターネット公開資料」より作成

　図表Ⅴ-4に機会・脅威の判定のマトリックスを示します。一般に外部環境の変化が良い傾向と思われる場合をプラス（＋）、悪い傾向の思われるものをマイナス（−）とした場合、そのどちらであっても、自社の対応力が競争相手の対応力より強ければ機会となりえます。一方、その対応力が競争相手と比較して、弱ければ競争相手に負けることを意味し、むしろ脅威になるのです。

第2節　中小零細企業の事業性評価

　トラック運送業をイメージしてみましょう。二つの規模の企業をイメージします。

　A社は、中年（55歳・55歳）の夫婦と、30歳の息子で、2t車と4t車の2台で狭い地域を営業基盤とする零細企業者です。一方、B社は、10t車を10数台保有し、少し幅広い地域を対象にトラック運送業を営んでいます。

　この業界は永年景気低迷による貨物輸送量の減少、また、参入基準、運賃規制等の規制緩和による競争の激化等で売上は減少、利益率が低下し経営を悩まされてきました。B社も、この影響を受け業績低迷に悩んでいます。

　A社の社長に、「トラック業界は、景気による荷動きの低迷、参入基準や運賃規制で大変な中で、社長の会社は堅実に経営されている。その秘訣は何ですか？」と質問したと仮定しましょう。

　多くの場合、おそらく社長からは、「当たり前のことを当たり前にしているだけなのだが…？」といった答しか返ってこないと思います。

　そこで、A社の取引先（発注先）の社長に聞いてみると、**「あの社長が創業以来だから取引は30年近くなるが、一度も荷受けに遅れたことがない。発送先からも荷物が着かないというクレームは一度もない。時折当社の製品を積み込むところを見かけるが、自分の子供を抱きかかえるようにして大切に扱ってくれている。息子さんも社長同様にていねいな仕事ぶりだ。こんな安心な会社はないのだよ。他の業者に変更することは考えていないよ」**、といった答がよく返ってくるのが中小企業なのです。

　この零細な中小企業の事業性は、当たり前のことを当たり前にすることで勝ち得た地元企業の信頼と支持の上に成り立っています。これこそが、当社の事業性評価のポイントであり、強みなのです。そして、この点に着目し、社長が気がついてない当社の良さ、強さを見出すことのできる者が本当の目利きなのです。

（1）知ってナットク！ 事例集の有用性

　「知ってナットク！事例集」は、1999年金融検査マニュアル導入時に、

図表Ⅴ－5 「知ってナットク！ 事例集」のポイント

知ってナットク！ 事例集とは

（1）事例集が作成された背景

■金融検査マニュアル別冊（中小企業融資編）の中には「検証のポイントに関する運用例」として28事例（事例25は欠番となっており正確には27事例）が示されている。

1999年金融検査マニュアル導入時、機械的な査定による貸し剝がしが横行した反省から示された運用例がこれに当たる

実は金融機関職員が読んでも実に解釈が難しい！

貸し剝がし防止の観点から債務者も考え方を理解しておくべきとして作成されたものが「知ってナットク！ 事例集」

債務者も知っておくべき24事例について解りやすく考え方が示してある。

債務者区分の考え方に留まらず、金融機関が中小零細企業の事業性評価に当たっての重要な視点やヒントを与えてくれる。

（2）特徴

中小企業の実情に沿った見方がある！

①赤字になりやすい
・景気の影響を受けやすく、一時的な収益悪化で赤字となりやすい。

②債務超過になりやすい
・自己資本が小さいため、一時的な要因で債務超過に陥りやすい面がある。

③財務状況の回復に時間が必要
・リストラの余地が小さく、黒字化や債務超過解消まで時間がかかることが多い。

④貸出期間が短い

いつの間にか長期の証書貸付が主体となった第6章第1節（3）「短期継続融資」参照（158頁）

・長期の返済が適当な設備投資の資金等についても契約上は短期の貸出とされ返済期間が来ると再度貸出をするケースが多い。

機械的な査定による貸し剥がしが横行した反省から示された運用事例「金融検査マニュアル中小企業融資編別冊事例集」を、一般の企業経営者にもわかりやすく書き換えられたものがこれに当たります。

　金融庁ホームページで容易に入手できます。ぜひ活用してください。

（2）取り上げられている事例と視点

　地域金融機関であるなら、「地銀、信金、信組」に限らず、一般の支店であればどこにでもあるような業種がとりあげられています。

　本来貸し剥がし防止のために書かれたものですが、**中小企業の特性を踏まえた事業性評価につながる視点**が多く含まれています。ネットで閲覧可能ですので、地域金融を目指す読者にはぜひ読み込んでいただきたいと思います。

　以下は「知ってナットク！　事例集」で示された視点です。

①　経営者と企業を一体として判断

　金融機関では、営業推進目線が強いと、曇った判断が行われやすい危険性があります。

②　技術のある中小企業の評価

　技術力の評価は金融機関には難しいと考えます。そこで、「大学や外部専門機関の評価等を積極的に活用する」「専門誌等の評価等積極的にエビデンスを用意する」等の努力が求められることになります。

　また、自己満足型の技術力は特に評価を慎重に行う必要があります。

③　販売力のある中小企業の評価

　扱う商品の市場での評価、販売員（営業マン）の反応等を慎重に評価します。例えば、エンドユーザーの情報等を、できるだけ多く収集する必要があります。また、社長の発言どおり、良い商品であっても従業員のポテンシャルが低いと販売力にはつながらないといったケースもあります。ユ

ーザーの望まないオーバースペックであれば、市場では受け入れられない
ということも出てきます。

④　**努力する経営者を評価**

不思議な企業の例

・中小企業の場合、「市場や業界の良し悪し」だけではなく、地域に支
　持されるか等の数字に見えない事業基盤に強さがあるケースがありま
　す。

・「不思議な企業」は決して不思議なわけではなく、理由があるから生
　き延びています。しかし、その企業では日常の中の「当たり前」であ
　り、その良さに気が付いていないことが多いのです。

⑤　**業種の特性を勘案**

⑥　**経営改善に向けた取組みを評価**

⑦　**貸出条件・履行状況は実態により判断**

⑧　**条件緩和債権の判定**

⑨　**中小企業の特性（一時的な要因：一過性の赤字）**

なお、本事例集 Point19については、第 6 章第 1 節(3)④（161頁）で、「短期継続融資の重要性」という観点からとりあげております。ご参照ください。

ヒント

知ってナットク！ 事例集で取り上げられている事例

①経営者と企業を一体として判断

　　Point1　　家電販売業者

　　Point2　　広告代理店

　　Point3　　不動産業

Point4　　パン製造業

②技術のある中小企業の評価

Point5　　金型製造業

Point6　　繊維会社

③販売力のある中小企業の評価

Point7　　タオル製造業

Point8　　漬物店

④努力する経営者を評価

Point9　　トラック運送業者

Point10　温泉旅館

⑤業種の特性を勘案

Point11　　ラーメン屋

Point12　　トラック運送業

⑥経営改善に向けた取組みを評価

Point13　　飲食店

Point14　　ロッジ経営

Point15　　土木建設業

⑦貸出条件・履行状況は実態により判断

Point16　　土木建設業

Point17　　賃貸ビル所有個人事業者

⑧条件緩和債権の判定

Point18　　建設業

Point19　　組立て式家具の製造・卸売業

Point20　　製本個人事業者

Point21　　老舗和菓子製造業

Point22　　老舗靴小売店

第6章

人口減少社会への対応

国立社会保障・人口問題研究所の「日本の将来推計人口（平成24年1月推計）」によると、平成22年（2010年）の日本の総人口は1億2,806万人（同年の国勢調査）であったものが、中位に推移して、平成42年（2030年）の1億1,662万人を経て、平成60年（2048年）には1億人を割って9,913万人となり、平成72年（2060年）には8,674万人になると推計されています。

　人口減少、特に就労人口の減少が我が国経済に与える影響は計りしれません。金融機関にとっても無関心であってよいわけがありません。

　平成26事務年度金融モニタリング基本方針には、重要施策の中心テーマとして、①ビジネスモデルの中長期的な持続可能性、②取引先の事業性評価、③リスク管理体制の充実が掲げられました。過去どの国も経験したことのないような環境変化を目前に、地方創生をテーマとした金融行政が展開されつつあります。

図表Ⅵ－1　総人口の推移

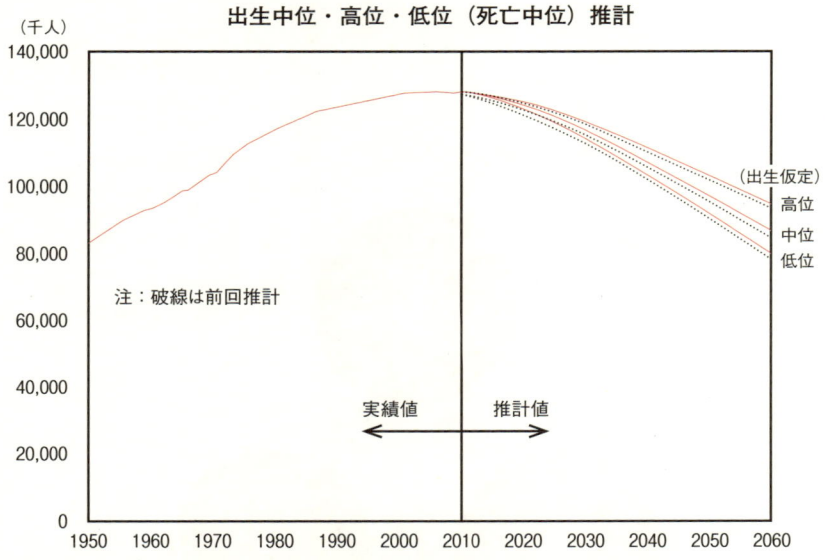

出典：国立社会保障・人口問題研究所 日本の将来推計人口（平成24年1月推計）

　本章では、中でも重要テーマと言ってよい、「事業性評価」と「事業性評価に基づく融資」の考え方を第1節で解説します。

　また、第2節で「経営者保証に関するガイドライン」の概略を、第3節で「保証契約時の対応」、第4節で「経営者保証債務履行請求時の対応」、に分けて解説します。最後に第5節において、地方創生のためにも重要な鍵となる「事業承継」について触れることにします。

　政策の成否はともあれ、人口減少社会の進展は、地域経済のシュリンクを招きます。**地域創生の議論はもちろんながら、地域金融機関にとっても可能性のある企業に対しては積極的に世に残す取組みが求められています。**難しい経済環境のなか、負の資産承継につながる経営者保証の問題は、円滑な事業承継に隘路となっています。

ヒント

金融モニタリング基本方針に掲げられた重点施策の中心テーマ

ア）ビジネスモデルの中長期的な持続可能性

　取引企業の持続可能性を問うているわけではありません。地域金融機関自体が生き残っていけるか否かを問うています。

イ）取引先企業の事業性評価

　「経営者保証に関するガイドライン」「担保・第三者（個人）保証に頼らない融資慣行の確立」が時代の要請としてクローズアップされています。「業種業界の良し悪し」にかかわらず個別企業に向き合い、数値に表れない「企業の価値」を見極め、融資を進める必要があると言えます。近年、金融機関の多くは、自己の都合を押しつける営業スタイルとなり、顧客に真に向き合う努力を怠ったとの危機感の表れと捉えるべきです。担保・保証に頼らない融資を目指す

ためには、「目利き」の養成について、改めて各金融機関が原点に戻って取り組む必要性があります。

ウ）リスク管理体制の充実

金融当局の重要な政策テーマに金融システムの安定があります。地域金融機関の経営環境はかつてない厳しい時代を迎えようとしています。その中で「担保・保証に頼らない融資」に向き合うことが求められる時代です。ひとつ油断をすると大きなリスクを抱え込む可能性を秘めた時代となったと言えるでしょう。中長期的なスパンの中でリスク管理に取り組む必要性が指摘されています。

第1節　事業性評価ならびに事業性評価に基づく融資

金融財政事情（平成27年3月30日号）において、某地銀の事業性評価シートが取り上げられて以来、「事業性評価融資」との単語が一人歩きし、混乱を招いています。同行の事業性評価シートが手に入れば、いとも簡単に「事業性評価ができ、融資のボリュームアップに通じる」と考えている金融機関は意外と多いのです。しかし、同行の事業性評価シートは、職員と企業経営者とのコミュニケーションを深めるためのツールとして開発されたもので、そもそも融資のボリュームアップを狙って作られたものではありません。

遠藤監督局長（2017年1月現在）は、検査局長時代の同誌インタビュー記事の中で、事業性評価は、「金融機関が当該中核企業とのリレーションを通じて産業全体を盛り上げていくには何をすればよいかという視点が必要であり、主要地銀が中心になる」テーマであると述べると同時に、**顧客**

企業と深く向き合おうとする「パッション」を失った地域金融機関に強い危機感を滲ませました。遠藤局長の言葉を借りるまでもなく、「事業性評価」と「事業性評価に基づく融資」は別物であり、後者は「目利き」に他なりません。

　金融ビッグバンおよび不良債権問題の解決の過程で、多くの金融機関は、目先の利益を追い、金融機関の都合を押し付けてきたとの批判があることも忘れてはなりません。

　本節では、まず、「事業性評価」と「事業性評価に基づく融資（目利き力の発揮）」との違いを整理します。続いて、平成27年1月の金融検査マニュアル中小企業融資編一部改正（短期継続融資）に、当局の重要なメッセージが込められていることから、基本的な考え方を紹介します。

（1）事業性評価

　「事業性評価」と「事業性評価に基づく融資」については「事業性評価融資」としてひとまとめに語られるケースが多く、混乱を招いています。

　「事業性評価」とは、「地域経済を牽引する企業や大口与信先」「地域に根ざして営業を行う企業」等に対し、地域経済や産業の把握・分析を行い、地域経済の安定と成長、および雇用の確保の観点から行う組織的な取組みをいいます。言い換えると、地域における主要産業の中核企業とのリレーションを通じて、産業全体を盛り上げていく視点で議論することです。

事業性評価にかかる顧客企業の対金融機関評価

　下記は、金融当局が四国の中核企業89社に対しモニタリングした内容の一部抜粋です。地域に根ざす中核企業に対し、企業サイドから見た金融機関の選定理由を問うています。

　「地域金融機関が、顧客企業と深く向き合おうとするパッションを失った…」という金融当局の主張がよくわかります。

顧客サイドからみた取引金融機関の選定基準

選定基準	件数（括弧内）
金利	46（6）
自社や事業に対する理解	65（7）
企業や自治体とのネットワーク	11（1）
経済・産業についての情報	32（2）
支店の物理的近さ	21（0）
融資実行までのスピード	26（0）
その他	37（3）

全89社

　89社中18社は、金融機関渉外担当者の訪問があっても、**日常的な相談**や**経営上の課題を相談**したことがないと回答しています。

　相談しない理由は、次のとおりで、2〜4の回答からは、顧客企業が金融機関の実力に疑問を持っているのではないか？ と感じさせられます。

　1．外部コンサルやメガバンク、政策金融機関の情報を活用している。

　2．自社の事業の状況を銀行が理解していると思えない。

　3．有益な情報が提供されたことがない。

　4．銀行の都合で取引を提案してくる。

なお、平成27年事業年度行政方針の下で行われた751社ヒアリング、2,460社アンケート調査（金融仲介機能に関する検討会議）においても同様の結果となっています。

　金融当局は企業と真正面から向き合うことを求めている！
（リレーションシップバンキング）
✔2015年1月
　　金融検査マニュアル一部改正　短期継続融資
✔事業性評価に基づく融資
✔2014年2月　運用開始　経営者保証ガイドライン

出典：金融モニタリングリポート（2014／7）を一部加工

　「成長産業」であろうと「衰退産業」であろうと、地域の主要産業は、多くの雇用を抱えており、地域の経済に大きな影響力を持っています。仮に衰退産業であるとしても、経済の自然な流れに任せ、手を拱いているとするなら、その産業が廃れるだけでなく雇用も失われ、地域経済に深刻な影響が及ぶことになることは明白です。その地域に存立する地域金融機関

の存続そのものに影響が及ぶ場合も予測できるわけです。

　地域金融機関は、その産業の「現状と課題」ならびに「産業の特徴」を正しく把握すると同時に、今後の方向性を検討し、地域経済の創生のために関わっていく取組みが求められています。

（2）事業性評価に基づく融資

①　目利き

　「事業性評価に基づく融資」とは個別案件の融資判断で、「数値のみで判断するのではなく、取引先の業歴やノウハウ等の事業価値の向上につながるような、定性面を重視した金融を行う」ことをいいます。

　知的資産とは、B/S上に記載されている資産以外の無形の資産のことで、人材、技術、技能、特許・ブランド等の知財、組織力、経営理念、顧客とのネットワークなど、財務諸表には表れてこない目に見えにくい経営資源の総称です。したがって、知的資産分析に着目した融資とは、企業における競争力の源泉を評価する融資手法と言えるのです。

　一方、「事業性評価に基づく融資」の中で、「に基づく」が省略されて用いられたため、「事業性評価融資」＝「知的資産分析に着目した融資」というイメージにつながり、さらには、知財（代表的なものが特許であり、頭を使って手に入れたもの）を連想し、知財融資が事業性評価融資であるとの混乱を招きました。

　知財の活用に着目した融資は「事業性評価に基づく融資」の一部であり、イコールではないことに注意してください。

②　地域金融機関のビジネスモデルはリレーションシップバンキング

　そもそも、地域金融機関のビジネスモデルは、「財務諸表等の定量情報に基づき、個々に取引採算性を重視する」トランザクションバンキングとは異なります。限られた地域を基盤としている地域金融機関の融資手法は、

図表Ⅵ−2 「事業性評価」と「事業性評価に基づく融資」

事業性評価

「地域経済を牽引する企業や大口与信先」「地域に根ざして営業を行う企業」等に対し、地域経済や産業の把握・分析を行い、地域経済の安定と成長、および雇用の確保の観点から行う組織的な取り組みを言う。

「目利き」とは、この分野で活躍できる人材のことを言う

事業性評価に基づく融資

定量面に頼ることなく、取引先の業歴やノウハウ等の事業価値の向上に繋がるような、定性面を重視した金融を行うことをいう。

知的資産分析に着目した融資

B／S上に記載されている資産以外の無形の資産であり、企業における競争力の源泉を評価する融資手法を言う。

※知的資産とは、人材、技術、技能、知財資産（特許・ブランド等）、組織力、経営理念、顧客とのネットワークなど、財務諸表には表れてこない目に見えにくい経営資源の総称。

知財の活用に着目した融資

うち、特許等知的財産権に着目した融資を知財融資（知的財産権融資）と呼ぶ

「顧客と密接な関係を長く維持する中で、顧客に関する情報を蓄積し、蓄積した情報を基に融資等の金融サービスを提供するリレーションシップバンキングです。

しかしながら、金融ビッグバンならびにバブル崩壊後の厳しい経営環境の中で、収益重視に舵を切った結果、顧客企業と深く向き合おうとする「パッション」を失った地域金融機関は多いことはすでに述べたとおりです。

平成27年1月の金融検査マニュアル別冊［中小企業融資編］一部改正の中で、目利きの養成につながる融資の一手法になるとして、正常運転資金に対する短期継続融資の重要性が指摘されています。

（3）短期継続融資

　1990年代後半、不良債権問題から、我が国の金融システムは大きく揺らぎました。しかし、取られた対策は、中小企業に十分に配慮されたものでなかったことから、貸し剥がしが横行した結果、中小企業特性に配慮した「金融検査マニュアル別冊（中小企業融資編）」が作成され、今日に至りました。

　中小企業に配慮した点とは、①赤字になりやすい、②債務超過になりやすい、③財務状況の回復に時間がかかる、④貸出期間が短い、等です。「景気の影響を受けやすく、一時的な赤字になりやすい」「自己資本が小さいため、一時的な要因で債務超過に陥りやすい」「リストラの余地が小さく、黒字化や債務超過解消までに時間がかかることが多い」「長期の返済が適当な設備投資の資金等についても契約上は短期の貸出とされ返済期間が来ると再度貸出をするケースが多い」といった中小企業特有の特徴に配慮したものでした（図表Ⅴ－5参照（144頁））。

①　過去の貸し剥がしの実態

　ここで問題となるのは④です。そもそも中小企業は収益力が弱く、キャッシュフローも十分ではありません。そこで多くの中小企業への融資形態は、分割弁済すべき長期債務（固定資産＋繰延資産－自己資本）にまで、期日一括返済の手形貸付で融資され、実質的は書換継続することで資金繰りが安定し、疑似資本的な役割を果たす中で経営も安定していたという側面がありました。しかし、期限の利益が短いという点を巧妙に利用され、**一部金融機関で過剰な貸し剥がしが行われ、中小企業経営は圧迫**されてしまったのです。

②　長短貸出金比率と資金使途（運転資金・設備資金）比率にミスマッチ

　数値基準で貸出を判断する金融機関は、業況不振と思われる企業から、

図表Ⅵ－3　某金融機関における資金使途と融資形態のミスマッチ

資金繰り弁済すべき運転資金が 60.5％あるのに対し、約定弁済が付いた証書貸付が 96％
短期継続融資に該当するはずの「手形貸付＋当座貸越」は 3.3％に過ぎない。

割引手形、手形貸付、証書貸付及び当座貸越の平均残高　　　　　　　　　　　　　　（単位:百万円、％）

科　目	平成24年度		平成25年度		平成26年度	
	平均残高	構成比	平均残高	構成比	平均残高	構成比
割 引 手 形	1,882	0.9	1,870	0.9	1,511	0.7
手 形 貸 付	1,987	1.0	2,371	1.2	2,186	1.0
証 書 貸 付	192,367	95.8	194,338	95.5	200,782	96.0
当 座 貸 越	4,595	2.3	4,870	2.4	4,711	2.3
合 計	200,831	100.0	203,450	100.0	209,190	100.0

業種別の貸出金残高及び使途別の貸出金残高　　　　　　　　　　　　　　　　　　　（単位:百万円、％）

	合 計	202,003	100.0	204,827	100.0	208,927	100.0
会 員		184,086	91.1	182,324	89.0	183,952	88.0
会 員 外		17,916	8.9	22,502	11.0	24,975	12.0
設 備 資 金		79,869	39.5	81,639	39.9	82,601	39.5
運 転 資 金		122,134	60.5	123,188	60.1	126,326	60.5

(注)業種別区分は日本標準産業分類の大分類に準じて記載した。

期限の利益が到来（手貸期日が到来）する都度、貸出金の回収を優先させ
ることに専念しました。このため、企業経営者は貸し剥がしを恐れるあま
り、できるだけ長期の期限の利益のある証書貸付へのシフトを希望したの
です。関与税理士も安易に長期借入へのシフトを指導しました。金融庁の
指導も、約定弁済のない実質長期債務については実質的に返済を猶予して
いるとして、債務者区分が要注意先にある場合は要管理債権としての引き
当てを求めたのです。その結果、多くの地域金融機関で、長短貸出金比率
と資金使途（運転資金・設備資金）比率に大きなミスマッチが生じている
のが現状です。

　図表Ⅵ－3に示した事例は、運転資金として融資したものが60％に対し、
証書貸付の比率が96％と突出しており、異常です。明らかに行き過ぎてい
ます。

③　短期継続融資の基本的理解

　「短期継続融資は無担保・無保証の短期融資で債務者の資金ニーズに応

需し、書換え時には、債務者の業況や実態を適切に把握してその継続の是非を判断するため、金融機関が『目利き力』を発揮するための融資の一手法になり得る（知ってナットク！事例集 Point19：金検査マニュアル別冊中小企業融資編　別冊事例集 No20対応）」とあります。

　金融当局は、貸出金に占める運転資金に対し、証書貸付金比率の高さに危機感を抱いているのです。前出の金融財政事情（2015.3.30号）のインタビュー記事の中で「日本の中小企業においては、運転資金として貸出された短期継続融資が根雪となって、疑似エクイティの役割を果たしていた。それが証書貸付に代わって『順次返済してもらいます』ということになると、その返済原資を工面しなくてはならなくなる。その結果、設備投資のための借入を積極的に行う余裕がなくなってしまうこともあるだろう。逆に、短期継続融資によって運転資金が安定すれば、設備資金の借入に前向きになり、地域経済の活性化につながっていくことが期待される」（原文のまま）とし、**短期継続融資への回帰に強い期待感**をにじませました。

　一般にB／Sは、流動性の原則とワンイヤー・ルールで語られることが多いのですが、短期継続融資を理解するためには、**返済財源についての理解**が重要です。図表Ⅵ－4は、その基本的考え方が示してあります。簡略化のため雑資産と雑負債および不良化流動資産はないものと仮定してあります。

図表Ⅵ－4　短期継続融資の考え方

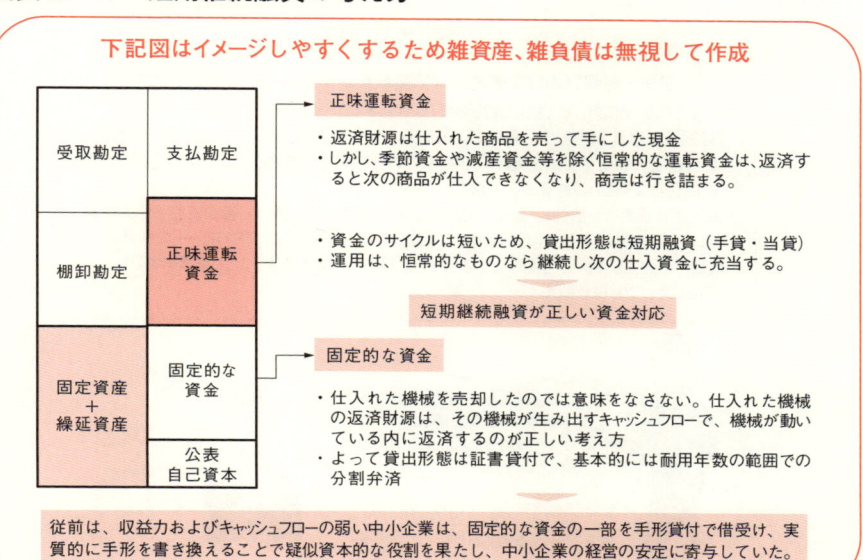

下記図はイメージしやすくするため雑資産、雑負債は無視して作成

正味運転資金

・返済財源は仕入れた商品を売って手にした現金
・しかし、季節資金や減産資金等を除く恒常的な運転資金は、返済すると次の商品が仕入できなくなり、商売は行き詰まる。

・資金のサイクルは短いため、貸出形態は短期融資（手貸・当貸）
・運用は、恒常的なものなら継続し次の仕入資金に充当する。

短期継続融資が正しい資金対応

固定的な資金

・仕入れた機械を売却したのでは意味をなさない。仕入れた機械の返済財源は、その機械が生み出すキャッシュフローで、機械が動いている内に返済するのが正しい考え方
・よって貸出形態は証書貸付で、基本的には耐用年数の範囲での分割弁済

従前は、収益力およびキャッシュフローの弱い中小企業は、固定的な資金の一部を手形貸付で借受け、実質的に手形を書き換えることで疑似資本的な役割を果たし、中小企業の経営の安定に寄与していた。

④　知ってナットク！事例集　POINT　19

　平成27年1月の金融検査マニュアル別冊中小企業融資編一部改正において「別冊事例20」が追加されました。図表Ⅵ－5は「同別冊事例20」を一般の債務者企業にもわかりやすく解説した「知ってナットク！　事例集POINT 19」です。

　以下、本事例に従って短期継続融資を解説します。なお、知ってナットク！　事例集については第5章第2節（142頁〜）を参照してください。

（ア）目利き力を発揮するための融資の一手法

　前段に、「短期継続融資は無担保・無保証の短期融資で債務者の資金ニーズに応需し、書換え時には、債務者の業況や実態を適切に把握してその継続の是非を判断するため、金融機関が「目利き力」を発揮するための融資の一手法になり得ます」とあるように、**定期的に企業と向き合うことで、**

図表Ⅵ−5

無担保・無保証の短期継続融資で運転資金を借りることも可能です。

・正常運転資金に対して、「短期継続融資」で対応することは何ら問題ありません。

・「短期継続融資」は、無担保・無保証の短期融資で債務者の資金ニーズに応需し、書替え時には、債務者の業況や実態を適切に把握してその継続の是非を判断するため、金融機関が目利き力を発揮するための融資の一手法となり得ます。

・正常運転資金は一般的に、卸・小売業、製造業の場合、「売上債権＋棚卸資産−仕入債務」とされているが、業種や事業によって様々であり、また、ある一時点のバランスシートの状況だけでなく、期中に発生した資金需要等のフロー面や事業の状況を考慮することも重要です。
（知ってナットクP14参照）。

金融機関は、運転資金の範囲を
借り手の業況等に合わせて柔
軟に検討する必要があります。

事例19

事例：組立て式家具の製造・卸売業者d社
概況：地元のホームセンターを中心に組立て式家具の製造・卸をしている。

☹ アジア製の廉価品に押され、前期決算では売上高が前々期比40%減程度まで落ち込んでおり、決算書上の数値から機械的に算出される正常運転資金は大幅に減少している。

☺ 廉価品に比べたd社の製品の質の良さが見直され、今期は前々期並の売上を確保できる見通し。

※　別冊事例20

評価

☺ e銀行は、d社から提出された直近の試算表や、今期の業績予想、資金繰り表、受注状況を示す注文書を確認・検証し、d社の製造現場や倉庫の状況及びホームセンターの販売状況を調査し、d社の製品に優位性が認められることが確認できた。

☺ 正常運転資金の算出については、債務者の業況や実態の的確な把握と、それに基づく今後の見通しや、足元の企業活動に伴うキャッシュフローの実態にも留意した検討が必要。

以上のことから、d社に前々期と同額の短期継続融資の書替えを実行しても、正常運転資金の範囲内として、貸出条件緩和債権には該当しないものと考えられます。

現状と課題の把握に役立ちます。

　多くの地域金融機関では運転・設備資金比率と長短貸出金比率に大きなミスマッチが起きています。言いかえると、正味運転資金にまで約定弁済

図表Ⅵ－6　所要資金と長短貸出のミスマッチ

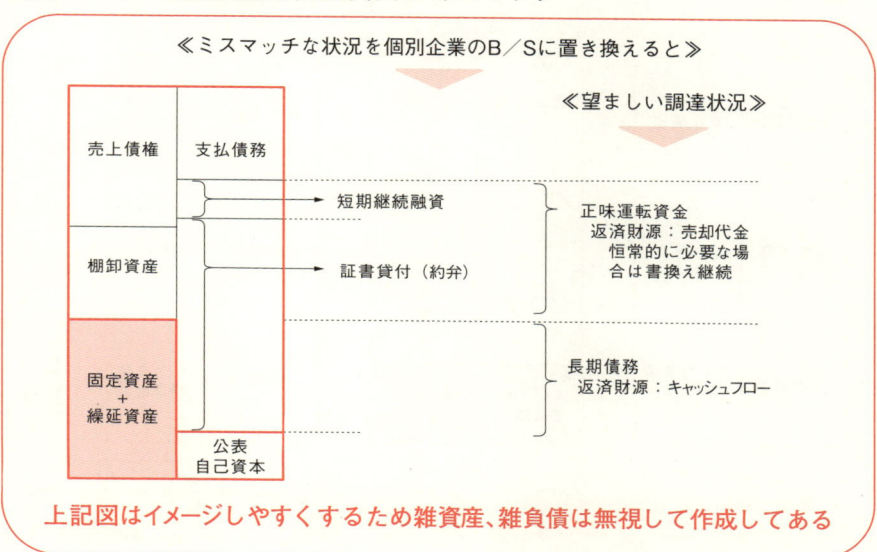

付の融資形態がとられ、企業の資金繰りを圧迫する原因となっているのです。資金繰りが圧迫されると、**必要な設備投資の決断に悪影響を及ぼす**状況も十分想定できるのです。一方、金融機関にとっても安易に担保・保証に頼った融資に走りがちであり、企業の実態把握に十分目が向かない状況の出現も容易に想像できます。

　返済が進んだ分だけ復元するという、企業実態を見つめない**何とも不思議な「折返し融資」「復元融資」**という資金使途が使われるのです。

（イ）合理的に売上の回復が見込まれる場合の考え方

　事例を読み進めます。

　「アジア製の廉価品に押され、前期決算では売上高が前々期比40％まで落ち込んでおり、決算書上の数値から機械的に算出される正常運転資金は大幅に減少している」という意味をバランス・シートで考えると、図表Ⅵ－7で「A→B」の状況を示しています。

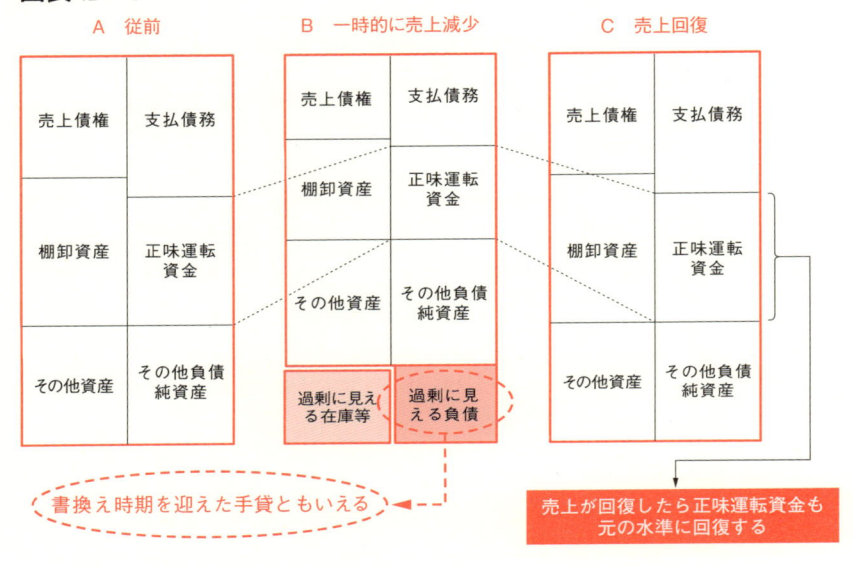

図表Ⅵ－7

機械的に判定するなら、過剰在庫等を決算時点では抱えており、在庫調整資金や減産資金対応となり、返済条件をつけざるをえないということになります。

「廉価品に比べた d 社の製品の質の良さが見直しされ、今期は前々期並みの売上を確保できる見通し」とは、「A→B→C」の一連の動きを示しています。

売上の減少が一時的であり、合理的に売上回復が見込まれるならば、売上回復の過程で運転資金を必要とすることから、決算時点のバランスシートの結果に拠らずとも、正味運転資金として継続し、当社の資金繰りを支援すべきであるという考え方を示しています。

（ウ）本事例における事業性評価（広い意味での事業性評価）とは

評価として、「e 銀行は、d 社から提出された直近の試算表や、今期の

業績予想、資金繰表、受注状況を示す注文書を確認・検証し、d社の製造現場や倉庫の状況およびホームセンターの販売状況を調査し、d社の製品の優位性が認められることが確認できた」とあります。

本件の評価のポイントは、①売上の減少がアジア製の廉価商品の輸入による過剰反応であること、②売上が従前の水準に回復する見込みであることを確認できる資料を徴求し検討を加え、当社の商品の優位性を評価している、ことにあります。

さらには、**資金繰り破綻のないことを確認**（資金繰表）したうえで、過剰に見える運転資金を、正味運転資金として継続融資することで、前々期並みの売上回復に大きく貢献することを、合理的に判断しています。

当社と真正面から向き合い、地道に実態把握を行い、必要資料を徴求・検討した結果、相応の合理性をもって判断していることがわかります。

これらの一連の検証と評価は「広い意味での事業性評価」であり、分りやすく言うならば、「目利き」のなすべきこと、そのものと言えるのです。

本節をまとめると、以下のとおりです。

1．「事業性評価」とは、「地域経済を牽引する企業や大口与信先」「地域に根ざして営業を行う企業」等に対し、地域経済や産業の把握・分析を行い、地域経済の安定と成長、および雇用の確保の観点から行う組織的な取組みをいう。

2．「事業性評価に基づく融資」とは、定量面に頼ることなく、取引先の業歴やノウハウ等の事業価値の向上につながるような、定性面を重視した金融を行うことをいう。別の言い方をすれば**「目利きが活躍する融資」**と言い換えることができる。

第2節　経営者保証に関するガイドラインの目指すもの

　事業承継を考えると、親族や親族外の承継にかかわらず、保証債務の存在が、大きな問題としてクローズアップされてきます。

　特に「負債の多い企業」「業績不振な企業」の後継者候補にとって、現経営者の会社に対する個人保証の存在は大きな関心となります。長期的にみて、経営環境が明るいとは言い切れない中で、現経営者の会社に対する保証を引き継ぐとなると、親子であっても躊躇するはずです。まだ資産が

図表Ⅵ－8　経営者保証と事業承継の関係

事業再生から事業承継へ

(1) 金融行政の変遷
　　不良債権処理　⇒　経営改善
　　　　　　　⇒　生長育成　⇒　好循環の実現　⇒　(地方創生)
(2) 人口減少社会の到来で表現される地域間格差の拡大

　　(ア)ビジネスモデルの中長期的な持続可能性
　　イ)取引先企業の事業性評価
　　ウ)リスク管理体制の充実

地方創生

下記のような企業は世に残していくことが求められる

・成長できる企業や生き残る可能性のある企業
・現状債務償還能力を失っている企業であってもコア・コンピタンスの認められる企業

事業承継問題がクローズアップ

保証問題は負債の大きな企業に限らず事業承継の隘路

図表Ⅵ－9　企業数の推移

（参考）企業総数は四半世紀にわたって減少傾向

➢ 企業の総数は昭和61年以来、中小企業を中心に減少傾向にある。

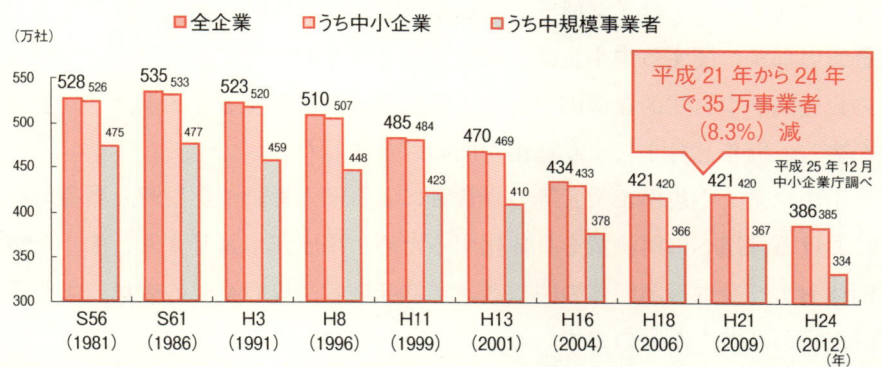

資料：総務省「事業所・企業統計調査」、「平成21年経済センサス－基礎調査」再編加工、「平成24年経済センサス－活動調査」再編加工に基づく速報値
（注）　1. 1991年までは「事業所統計調査」、1994年は「事業所名簿整備調査」として行われた。
　　　　2. 中小企業の範囲は以下の通り
　　　　・1996年以前は常用雇用者300人以下（卸売業は100人以下、小売業、飲食店、サービス業は50人以下）、又は資本金1億円以下（卸売業は3,000万円以下、小売業、飲食店、サービス業は1,000万円以下）
　　　　・1999年以降は常用雇用者300人以下（卸売業、サービス業は100人以下、小売業、飲食店は50人以下）、又は資本金3億円以下（1億円以下、小売業、飲食店、サービス業は5,000万円以下）の企業
※　組合、農業等は含まれない。
　　　　　　　　　　　　　　　　　　　　　　　　　　出典：内閣府・経済産業省　一部加工

残っているうちに会社をたたみ、保証債務を整理したいと思うのはおかしなことではありません。ビジネスモデルはしっかりしたものがあっても、過去の投機的投資の失敗等の、前経営者に起因する原因でB/Sが傷んでしまったような場合、前経営者の責任を明確にして欲しいと思うのも至極当然なことでもあります。

　人口減少に転じる以前より、我が国の企業数は減少に転じており、平成21年からの3年間だけでも35万もの事業者が減少しています。**経営者保証の問題の解決に道筋を立てることは、地方創生・活性化の視点からみても重要**であるといえます。

（１）経営者保証に関するガイドライン作成の背景

　日本商工会議所と一般社団法人全国銀行協会を事務局とする「経営者保証に関するガイドライン研究会」は平成25年12月5日、検討の成果として、経営者保証に関する中小企業、経営者および金融機関による対応についての自主的かつ自律的な準則である「経営者保証に関するガイドライン」を公表し、同年2月1日より運用が開始されました。

　中小企業、小規模企業者等の経営者による個人保証の契約時と履行時等における課題への解決策を具体化するため、平成25年8月より、中小企業団体および金融機関団体の関係者、学識経験者、専門家等の委員により検討が行われてきたものです。

　経営者保証は信用力の劣る中小企業の補完的な役割を果たしてきました。

　中小企業経営者はガバナンスと規律付けの面で問題が多いと言えます。個人の消費が会社の経費として処理されたり、経営そのものが経営者個人の趣向等で左右されたりすることも多くあります。そもそも中小企業は「赤

図表Ⅵ－10　経営者保証の意義

経営者保証は信用補完的な意義を果たしてきた！

※経営者保証は信用力の劣る中小企業の補完的役割を果たしてきた！

中小企業の問題点
　・中小企業経営者はガバナンス面と規律付けの面で問題が多い。
　・財務基盤および営業基盤が一般的に脆弱で金融機関にとってはリスクが大きい。
　・会社・経営者の財産情報の開示が不十分なケースが多い。

金融機関のリスク軽減を図る考え方が必要

字になりやすい」「債務超過になりやすい」「財務状況の回復（赤字・債務超過等からの回復）に時間がかかる」という特質があります。さらには会社・経営者の財産情報の開示が不十分なケースも多いと言えます。そもそも中小企業との融資取引は金融機関にとってリスクが高いものです。以上の状況の下で「最後は社長、あなたがすべて責任を負うのですよ。心して経営をお願いしますよ」という意味合いを経営者保証は持っていたのです。

　一方で、「企業の倒産に伴い、個人保証をしている経営者が破産に追い込まれ、ほぼ全財産を失うことや信用情報に登録されることは、意欲ある経営者の再起において大きな障害となっている」あるいは、「後継者が個人保証の提供を躊躇することが、円滑な事業承継を妨げる原因となっている」との批判もありました。金融機関の問題として、安易に担保・保証に頼る融資姿勢につながり、事業の目利きという本来の役割が発揮できない状況になった原因の一つであるとの見方もあります。

　人口減少社会の到来と地方の衰退が現実となる中で、地方創生と日本経済復活のためにもこの問題にメスを入れる必要に迫られたと言えます。

　別の視点から捉えると、金融機関のリスク軽減を考える新たな視点・考え方も必要となります。**経営者保証に関するガイドラインは金融機関側に一方的にリスクを押しつけるものではない**ことを忘れてはなりません。

（2）経営者保証に関するガイドラインに対する誤解

　残念ながら、「経営者保証に関するガイドライン」に対する誤解が依然としてあり、正しい理解に至っていない場面に遭遇します。

　ガイドラインが示され、運用が始まったことから、「経営者の保証なしの融資を受けられる」「保証債務履行時に保証債務の履行請求が限定的となり、運用開始前と比べて、少なくとも自宅は残してもらえる、自己破産する必要はなく当面の生活費は十分に残してもらえる」といった**誤解が多**

図表Ⅵ−11　ガイドラインの適用対象

①保証契約の主たる債務者が中小企業であること

　　※中小企業・・中小企業基本法に定める中小企業・小規模企業者に限定されない。

②保証人が個人であり、
　　　原則として主たる債務者である中小企業の経営者であること

　　※経営者以外との保証契約でもガイドラインが適用される場合

　　　①実質的な経営権を有している者
　　　②営業許可名義人
　　　③経営者の配偶者（経営者と共に当該事業に従事する配偶者に限る）
　　　④事業承継予定者（経営者の健康上の理由による）

③主たる債務者（企業）および保証人（経営者等）の双方が弁済について誠実であり、金融機関等の請求に応じ、それぞれの財産状況等（負債の状況を含む）について適時適切に開示していること

④主たる債務者（企業）および保証人（経営者等）が反社会的勢力ではなく、その恐れもないこと

中小企業の定義

業種分類	中小企業基本法の定義
製造業その他	資本金の額又は出資の総額が３億円以下の会社又は常時雇用する従業員の数が300人以下の会社及び個人
卸売業	資本金の額又は出資の総額が１億円以下の会社又は常時使用する従業員の数が100人以下の会社及び個人
小売業	資本金の額又は出資の総額が5千万円以下の会社又は常時使用する従業員の数が50人以下の会社及び個人
サービス業	資本金の額又は出資の総額が5千万円以下の会社又は常時使用する従業員の数が100人以下の会社及び個人

図表Ⅵ－12　経営者保証ガイドラインに期待される効果

> （保証契約時）…「経営者の保証なしの融資」を受けられる可能性が広がる。
> （保証履行時）…「保証債務の履行請求」が限定的となる可能性が高まる。

いようです。

　金融機関においても、営業店の現場では、十分な業務知識を持たないことから、企業側からの経営者保証の免除要求に対し、対応にブレが生じ、**リスクのみを背負い込む**ケースも散見されます。時として、融資の数字を伸ばすために利用しようとする輩も出現することになります。

　経営者の保証は、中小企業金融に一定の役割を果たしてきたことはすでに解説したとおりです。

　「経営者保証に関するガイドライン」で**期待される効果とは、「保証契約時に経営者の保証なしの融資が受けられる可能性が広がった」「保証履行時に保証債務の履行請求が限定的となる可能性が広がった」という2点に**あります。金融機関のリスク軽減に対する新たな考え方が必要であり、正しい理解と正しい運用が求められるのです。

第3節　保証契約時の対応

（1）適用要件

　取引先が新たに金融機関から融資を受ける場合、無条件に保証なしに融資が受けられるわけではありません。経営者の求めに応じて無条件に金融機関が保証なしの融資に応じてしまえば、将来金融機関の健全性が失われ、

図表Ⅵ－13　経営者保証を不要とできる条件

経営者保証なしの資金調達を行うための企業側に求められる経営状況とは

1. 企業と経営者の関係の明確な区分・分離
2. 財務基盤強化
3. 財務状況の正確な把握及び適時適切な
   情報開示等による経営の透明性の確保

地域経済にとって悪影響が及ぶことになります。よって、「経営者保証に関するガイドライン」を定着させるには、**金融機関のリスク軽減の考え方**が必要なわけです。

①　企業と経営者の関係の明確な区分・分離

中小企業では、「会社のお金と経営者の財布が一緒」というケースが多いといえます。「個人的に消費した食事代を、会社の費用として支出する」「自家用車が、実は会社名義になっている」「ガソリン代もすべて会社経費として支出されている」といったことは日常的に行われている場合が多いのです。自家用車を個人名義で所有していてもその購入代金は、会社から経営者への貸付金として支出されているといったことはよく見かけます。会社から個人にお金が流れている状況にあるということです。

融資している金融機関の立場からは、経営者が会社から自由にお金を抜いておきながら会社の負債に対し保証をしないという論理が通用しないと考えるのは、当たり前ともいえます。

会社の乗用車を自家用に使用した場合、使用に見合う使用料を会社に支払う。あるいは自家用車を会社の営業に使った場合は、適正に使用料を会社から受け取る等、**企業と経営者の関係の明確な区分・分離**が必要となります。

②　財務基盤強化

　経営者保証に頼らない融資を行うわけですから、財務力と収益力によって返済できる実力を企業側に求めるのも当たり前とも言えます。

図表Ⅵ－14　金融機関が経営者保証免除を検討できる時

要件	考え方等
①　法人と経営者の資産・経理が明確に分離されていること	・法人の事業活動に必要な本社・工場・営業車等の資産については、法人所有とする。 ・資産の明確な区分が困難な場合は、法人が経営者に適切な賃借料を支払う。
②　法人と経営者の間の資金のやりとりが、社会通念上適切な範囲を超えないこと	・事業上の必要が認められない法人から経営者への貸付は行わない。 ・個人として消費した飲食代等の費用を、法人の経費処理とはしない。
③　法人のみの資産・収益力で借入返済が可能と判断しうること	・業績が堅調で十分な利益とキャッシュフローを確保しており、内部留保も十分である。 ・業況が下振れするリスクを勘案しても、内部留保が潤沢で、借入金全額の返済が可能と判断できる。 ・好業績が相応の合理性をもって維持可能と判断でき、今後も借入を順調に返済できるだけの利益とキャッシュフローを確保できる可能性が高い。
④　法人から適時適切な財務情報等が提供されていること	・法人事業概況説明書、別表、科目明細書を含む決算書類が的確に開示されている。 ・資金繰表、試算表、資金調達確認資料等、金融機関の求めに応じて適時的確に提出されている。
⑤　経営者等から十分な物的担保の提供があること	・担保で回収できるのであれば保証人に頼る必要はない。 ・一方で担保でカバーしきれない部分に対して保証する。

一方で、財務体力も収益力も十分な水準にある企業の場合、これまでも金融機関は、中小企業であっても無担保無保証で融資することがありました。通常の与信判断の中で行われていたといえます。

後述しますが、「経営者保証に関するガイドライン」では、このような優良企業の領域にない企業であっても、経営者の保証なしで融資を受けられる可能性を示唆しています。「（３）経営者保証に代替する融資手法」の項で解説します。

③　財務状況の正確な把握および適時適切な情報開示等による経営の透明性の確保

中小企業との取引は、財務基盤および営業基盤が一般的に脆弱で、金融機関にとってはリスクが大きいと言えます。**金融機関にとって取引先企業の情報が正確に把握できない状況はリスク**であります。経営者の保証なしの融資は受けたいが、情報開示はしたくないというような、都合の良い話が通用するはずがないのです。

法人事業概況説明書、別表、科目明細書を含む決算書類が的確に開示されている事は基本です。また必要に応じて、資金繰表、試算表、資金調達確認資料等、金融機関の求めに応じて適時的確に提出されることが求められます。

（2）取扱いのプロセス

「経営者保証に関するガイドライン」では、金融機関側に対し、融資申込時点や保証契約の更改時期に、債務者企業ならびに経営者に対し、経営者保証に関するガイドラインについての説明を求めています。また企業経営者側からは、金融機関に本ガイドライン適用の希望があることを申し出る必要があります。当然ながら、安定した経営状況にあり、金融機関との信頼関係が築かれている必要があります。

図表Ⅵ－15　経営者保証免除を判断するプロセス

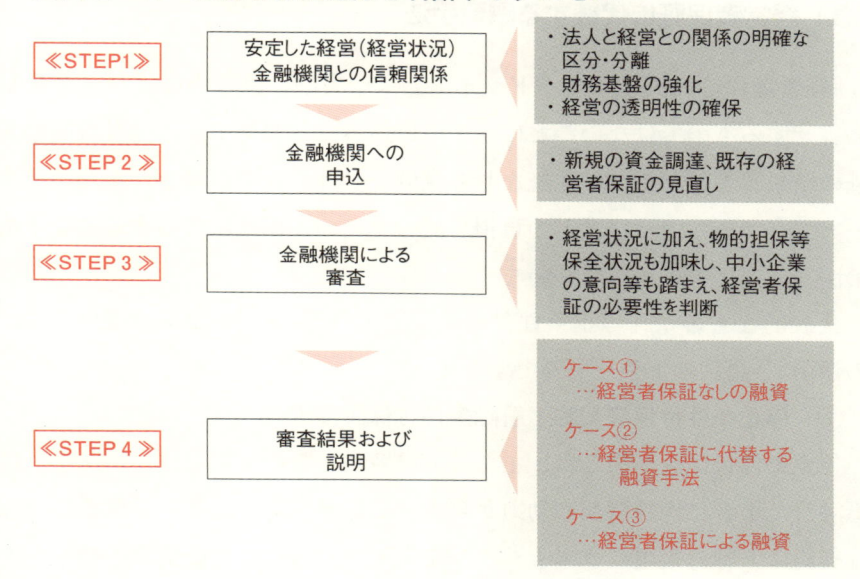

適用を申し出れば無条件に保証が免除されるわけではありません。金融機関は本ガイドラインの適状にあるか否かを、経営状況に加え、物的担保等保全状況も加味し、中小企業の意向等も踏まえ、経営者保証の必要性を判断することになります。

結果として、申出のとおり、経営者の保証を免除した取り扱いになることもあれば、残念ながら希望に添えず、従来どおり経営者の保証を求める場合もあります。その中間として、保証に代替する融資手法を提案し選択することもありえます。

余談ですが、保証免除の適状にあるにも関わらず、息子に後継者との自覚を持たせたいので是非保証に加えて欲しいという話もよくあります。このような場合、金融機関としてもお断りする理由はないと言えます。

（3）経営者保証に代替する融資手法

「経営者保証に関するガイドライン」は一方的に金融機関にリスクをしわ寄せするものではないことは、すでに述べたとおりです。金融機関の審査の結果、希望どおりに保証なしで融資を受けられない場合があるのです。一方で、できるだけ経営者の負担を減らすため、保証に代替する融資手法の開発と運用を求められています。

代表的なものが「停止条件付保証契約」「解除条件付保証契約」「ABLの活用」「金利の上乗せ」等です。

①　停止条件付保証契約・解除条件付保証契約

停止条件付保証契約とは、主たる債務者が、特約条項（コベナンツ）に抵触した場合に保証債務の効力が発生する保証契約であり、解除条件付保証契約は、特約条項（コベナンツ）を充足する場合に保証債務が効力を失う（保証義務が消滅する）保証契約のことです。

金融機関にとって具体的にかつ詳細に経営の規律付けを行うことができるうえに、企業にとって誠実に事業を遂行する限り、負担の大きい保証債務を負わずに済むというメリットがあります。特約条項（コベナンツ）には特別制限があるわけではありません。

一方で、双方にとって、継続的なモニタリングを必要とする等で負担は大きいと言えます。金融機関からすると、コベナンツに抵触する理由が存

図表Ⅵ－16　停止条件・解除条件付保証契約

| 停止条件付保証契約 | ➡ | 主たる債務者が、特約条項（コベナンツ）に抵触した場合に保証債務の効力が発生する保証契約 |
| 解除条件付保証契約 | ➡ | コベナンツを充足する場合に保証債務が効力を失う（保証義務が消滅する）保証契約 |

図表Ⅵ-17 停止条件保証契約のコベナンツの例

1. 表明保証してもらう！

　　下記事項について、契約締結日に、事実である（間違いがない）ことを主たる債務者から表明してもらうこと（言質をとる）。

　表明すべき事項

　　①貸付契約の締結および履行について、必要な手続を完了し、法令等に反していないこと

　　②計算書類および付属明細書が正確かつ適法に作成されていること

　　③提出書類・資料に誤りがないこと

　　④直前の決算以降、事業や財産の状況について重要な変更が発生していないこと

　　⑤事業が正常に行われていること

2. 報告及び届出事項に条件を付ける！

　　情報開示の促進等のために、下記事項等について報告・届出を主たる債務者に対し義務づける。

　　①商号、代表者、本店所在地、役員ほか株主・資本構成および取引金融機関の変更

　　②紛争、他の債権者への支払い遅延及び財産、経営もしくは業況に関する重大な変化

3. 事業及び財産状況の提出を義務づける！

　　期中における財産状況の正確な把握のために金融機関は下記書類の提出を義務づけることができる。

　　①資金繰予定表　　　　　⑤各月の試算表
　　②収支計画　　　　　　　⑥売掛金元帳の写し
　　③見込日繰予定表　　　　⑦借入金残高一覧表
　　④各月の資金繰実績表　　⑧計算書類や確定申告書の写し　等

4. 金融機関等の要承諾事項を盛り込む！

　　金融機関は当該企業の財務状況等をコントロールするために、下記事項について金融機関の承諾事項とする場合がある。

　　①代表者の変更　　　　　⑤担保・保証
　　②配当等　　　　　　　　⑥合併等
　　③役員賞与等の支給　　　⑦重要な資産や事業の譲渡・譲受等
　　④一定額以上の投融資

在しないか日頃からモニタリングの必要があり負担が大きいのです。企業側にとっても、金融機関の求めに応じ迅速に資料を提供する準備が必要となります。さらに、解除条件付保証契約は、解除条件充足による保証契約

失効後の経営者のモラルハザードの問題は金融機関にとってリスクとなります。

　解除条件付保証契約の場合、たとえば法人のみの資産・収益力で借入返済が可能と判断しうる状況を想定し、コベナンツを設定することになります。

　停止条件保証契約のコベナンツの例としては、①表明保証をしてもらう、②報告および届出事項に条件を付ける、③事業および財産状況の提出を義務付ける、④金融機関等の要承諾事項を盛り込む、等が考えられます。

②　ABL（動産担保）

　ABL（Asset Based Lending）は、企業が保有する売掛金などの債権や在庫・機械設備等の動産等を担保とする融資手法を言います。

　ABL の利用は、経営者保証に依存しない融資を促進することにつながり、

図表Ⅵ－18　ABL のリスク

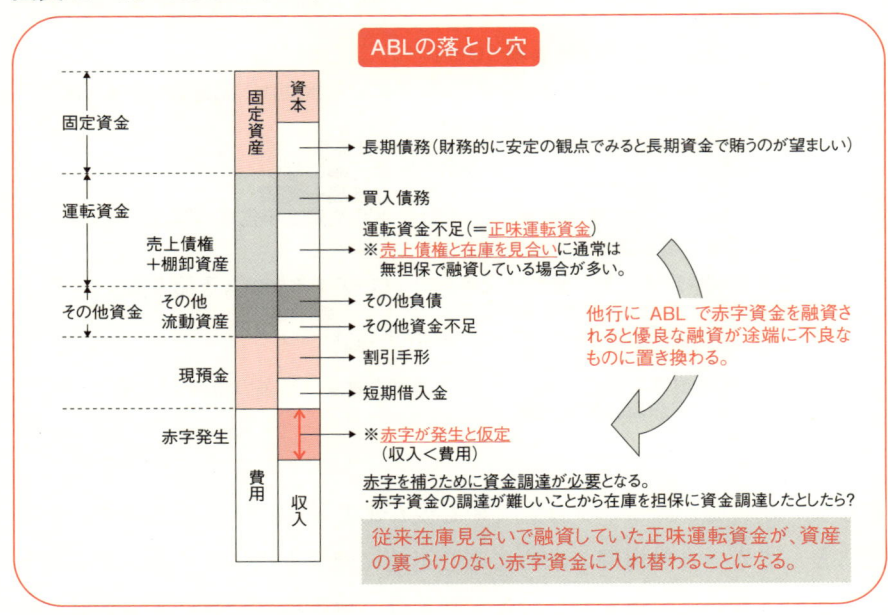

ガイドラインの趣旨に適う他、金融機関にとってリスク管理の強化につながる可能性があります。

　言い換えると、ABLの設定により、債務者の在庫の状況や売掛金等を継続的にモニタリングすることで、主たる債務者の事業の状況を正確に把握することが可能となるというメリットがあります。

　リスクもあります。双方に管理負担が増加し、経営者が保証人にならないということ自体でモラルハザードの危険をはらむのです。また、ABLは、資金調達の多様化として期待される一方で、赤字資金の融資等に安易に取り組むと、思わぬ落とし穴があります（図表Ⅵ-18）。

③　金利の一定の上乗せ

　リスクに見合う金利をいただくという考え方もあります。金融機関からすると、デフォルトに備えた与信コスト対策といった側面があります。また、経営状況把握等のためのモニタリング費用の吸収も必要となってきます。経営者にとっても、「個人保証によるリスクの引受け」と「金利上乗せによる負担増」の比較と判断が求められます。

第４節　経営者保証債務履行請求時の対応

　既存の保証契約があり、不幸にして経営している企業がデフォルトしたような場合、保証人は金融機関等から保証債務履行請求を受けることになります。この場合、個人の資産を上回る金額の保証をしているケースが多いようです。不幸にして会社がデフォルトすると、保証人である経営者は、資産をすべて保証債務の履行に充て、結果的に自己破産に追い込まれることも予測されます。

（1）残余財産の拡張

　自己破産に至った場合、手元に残るのは自由財産と差押禁止財産のみということになります。自由財産とは、破産財団に帰属しない財産のことで、破産手続開始後でも債権者が差し押さえることができず、破産者が自由に管理・処分することができる財産をいいます。

　具体的には、①99万円以下の現金、②20万円以下の預貯金、③破産手続後に取得した財産がこれにあたります。一方、生活に欠かせない衣類、寝具、家具、生活に必要な3カ月分の食糧等、給料等の一定額については差し押さえることができません。これを差押禁止財産と言います。一方「経

図表Ⅵ－19　経営者保証ガイドラインに基づく保証債務履行対象資産の変化

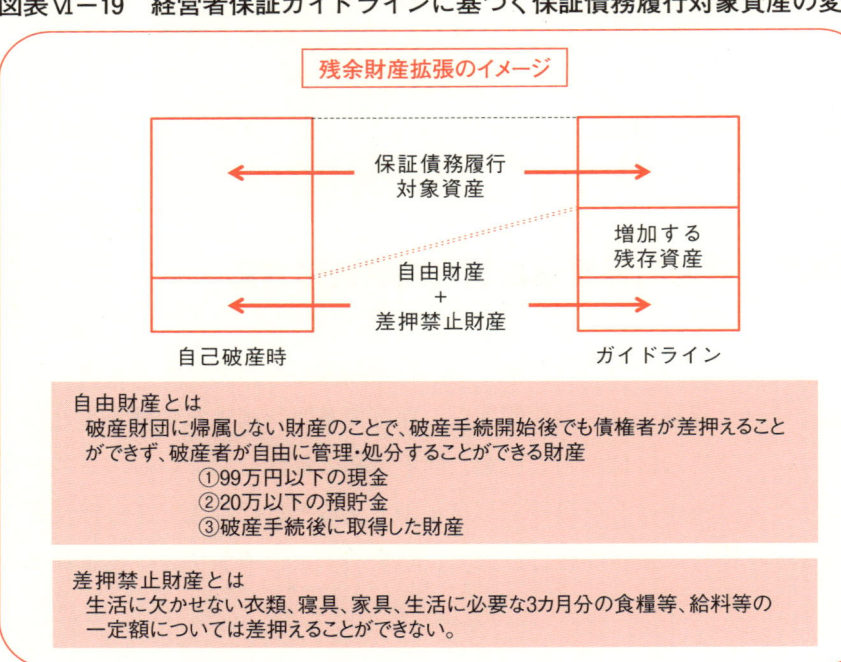

自由財産とは
　破産財団に帰属しない財産のことで、破産手続開始後でも債権者が差押えることができず、破産者が自由に管理・処分することができる財産
　　①99万円以下の現金
　　②20万以下の預貯金
　　③破産手続後に取得した財産

差押禁止財産とは
　生活に欠かせない衣類、寝具、家具、生活に必要な3カ月分の食糧等、給料等の一定額については差押えることができない。

営者保証に関するガイドライン」では、残余財産の拡張が認められる可能性があります。

　この場合、保証人である経営者が、中小企業等の「早期事業再生」などを決断し、主たる債務と保証債務をガイドラインに沿って整理したい旨を、金融機関に申し出る必要があります。

　この折、保証人である経営者は、金融機関に対し、資産状況を誠実に開示し、保証債務弁済後の残余財産の必要性を説明することになります。このように、資産状況（法人・個人）を開示することを**表明保証**と呼びます。

図表Ⅵ-20　残余財産拡張までのプロセス

取扱いプロセス

　「経営者保証に関するガイドライン」では、保証人である経営者が、中小企業等の「早期事業再生」などを決断し、主たる債務と保証債務をガイドラインに沿って整理したい旨を、金融機関に申し出る必要がある。

　この折、保証人である経営者は、金融機関に対し、資産状況を誠実に開示し、保証債務弁済後の残余財産の必要性を説明することになる。このように、資産状況（法人・個人）を開示することを表明保証と呼ぶ。

　金融機関は、一定の経済合理性が認められ場合、自由財産の範囲を超えて、保証人の手元に残す残余財産を判定する。

≪STEP1≫　保証人たる経営者が、中小企業等の「早期事業再生」などを決断

≪STEP2≫　保証人たる経営者が、主たる債務と保証債務をガイドラインに沿って整理したい旨を、金融機関に申し出る。

重要　保証人は金融機関に対し、資産状況を誠実に開示し、保証債務弁済後の残余財産の必要性を説明する義務がある。

≪STEP3≫　金融機関は、一定の経済合理性が認められる場合、自由財産の範囲を超えて、保証人の手元に残す残余財産を判定する。

金融機関は、一定の経済合理性が認められる場合、自由財産の範囲を超えて、保証人の手元に残す残余財産を判定することになります。

（2）残余財産の拡張として認められる範囲

　保証人たる経営者が、中小企業等の「早期事業再生」などを決断した場合、「一定期間の生活費に相当する額」や「華美でない自宅」等を残余財産として繰り入れことも可能です。

①　一定期間の生活費に相当する額

　雇用保険の給付期間の考え方、１カ月あたりの標準的な世帯の必要生活費（民事執行法で定める額33万円）を参考とします（図表Ⅵ－21参照）。

②　華美でない自宅

　債務者の安定した事業継続等のため必要な場合には、残余財産に加えて検討することも求められています。

　自宅に担保に提供されている場合、自宅を処分し返済にあてるというのが一般的ですが、公正価格を算定したうえで、分割弁済も検討の対象になります。たとえば住宅ローンが先順位に付いている場合は、公正価格から先順位債権額を差し引いた残高に対して分割弁済を検討してゆくことも選択肢となります。

図表Ⅵ－21　雇用保険給付期間

保証人年齢	給付期間
30歳未満	90日〜180日
30歳以上35歳未満	90日〜240日
35歳以上45歳未満	90日〜270日
45歳以上60歳未満	90日〜330日
60歳以上65歳未満	90日〜240日

出所：厚労省職業安定局資料

（3）経済合理性

　残余財産の範囲拡張は無条件に認められるわけではありません。再生型手続の場合は、破産手続等の清算手続に至らなかったことによる金融機関の回収見込み額が上限となります。早期事業再生を決断できずに泥沼にはまり、清算型手続になると何も残らない場合が多いのですが、資産が残っているうちに決断してくれれば、金融機関の回収額も増加します。不幸にして清算手続に至った場合であっても、手続の早期着手により保有資産の劣化が防止でき、結果的に回収見込額が増加します。その増加の範囲で、早期決断に対しインセンティブを与えるという意味合いもあります。

（4）表明保証の適正性の判断

　保証債務履行に至った場合、ガイドラインの適用を受けるには、保証人自らが、保証履行時に資産（会社資産、保証人の個人資産）状況を包み隠さず開示する必要があります。

　過去の取引の中で、金融機関との信頼関係が構築できていれば別ですが、一般的に情報開示が十分ではなく、残念ながら、財務状況が正しく表現されている決算書は稀です。保証債務履行時に「これですべて。この範囲で保証債務の履行をしたい」と言われても、にわかに信じることはできないのは言うまでもありません。この点、「経営者保証に関するガイドライン」では、金融機関側に配慮した内容となっています。つまり、本ガイドラインでは「**金融機関は、適正性を担保するために、外部専門家の確認を求めることができる**」とされているのです。

　外部専門家とは、保証人の債務整理を支援する専門家で、すべての対象債権者がその適格性を認める支援専門家（弁護士、公認会計士、税理士等）を言います。ここで重要なのは、「すべての対象債権者がその適格性

を認める」となっている点です。例えば、関与（顧問）税理士に外部専門家として表明保証の適正性の検証を求めようとしても、取引金融機関の一つでも異議を唱えた場合、その税理士は外部専門家となり得ないということです。誠に残念ながら、十分な信頼関係の築けていない専門家も中にはいらっしゃるのも事実です。

①　確認の結果、表明保証した内容と相違があった場合

すべての対象債権者が認めた外部専門家の確認の結果、「経営者が表明保証した内容に相違ない」として、経営者保証に関するガイドラインを適用し、残余財産拡張で対応したが、後になって、財産が隠ぺいされていたことが発覚したとします。

信頼できる外部専門家であっても、財産調査には限界があります。開示された範囲を超えて調査するには限界があり、巧妙に隠ぺいされるケースは否定できないのです。

何かの拍子で、その隠ぺい財産が発覚した場合を想定してみましょう。経営者保証に関するガイドラインでは、このような場合、「従前の融資慣行に基づく保証債務の額が復活する」ことになります。主債務と保証債務

図表Ⅵ－22　保証債務履行に至った場合のガイドラインの適用

適正性
・保証人自らが、保証履行時に資産状況を包み隠さず開示する。
（その範囲で、保証債務履行を行う）
・金融機関は適正性を担保するために外部専門家の確認を求めることができる。

適正性を担保するには？
外部専門家とは・・・保証人の債務整理を支援する専門家（すべての対象債権者がその適格性を認める支援専門家：弁護士、公認会計士、税理士）等

確認の結果、表明保証した内容と相違があった場合

従前の融資慣行に基づく保証債務の額が復活！

の一体整理が終わると一件落着と考え、通常融資の完済の時のように、原因証書を返却してしまうのはまずいということです。原因証書を返却してしまえば、仮に隠し財産が発覚しても、追及の手立てを失うことになりかねません。

　なお、「経営者保証に関するガイドライン」は、地方創生に事業承継の面から大きく貢献する可能性があり、**適用を受けられる企業を目指すことは事業価値の向上**にもつながります。一方で、従来の融資慣行を大きく変えるものであるだけに、定着には相当期間を必要とすると思われます。金融機関・企業側・関与する専門家、それぞれが実際の運用事例を積み重ねるなかで、努力を重ねる必要があります。金融庁のホームページにも、定期的に「『経営者保証に関するガイドライン』の活用にかかる参考事例集」が公開されているので、実際の運用事例を参考に、実務に役立てて欲しいところです。

第5節　人口減少社会への対応としての事業承継

　1990年台後半から、「不良債権処理」→「経営改善」→「成長育成」→「好循環の実現」→「地方創生」という流れのなかで、地域金融機関は今日に至りました。金融機関の関心は不良債権処理と収益の確保の2点に力点を置き、事業承継は優良企業および資産家に対する対応に限られてきた感が否めません。優良企業や資産家の節税対策に乗じて、金融機関にも収益チャンスがあり、取組みを強化してきたのは当然です。

　一方で、2013年12月、金融庁は地銀各行の頭取に「金融機関の将来にわたる収益構造」という1枚のペーパーを配りました。縦軸に各地銀が基盤を置く地域の市場規模の縮小度合いを、横軸に現状の預貸業務における収

益構造をとったグラフに、全国の地銀・第2地銀105行をプロットしたものです。現状ですでに「金融機関の本業である預貸業務における収益力がマイナスとなっている地銀・第2地銀が1割弱存在し、2015年には、東京を含むすべての都道府県において市場規模は縮小すると分析されています。通称「森ペーパー」と呼ばれるものがこれです。森信親氏（当時検査局長：2017年1月時点金融庁長官）の肝いりでつくられたものです。地域金融機関の将来を懸念し、存続可能性を真剣に議論する必要性を雄弁に語っています（2014年5月26号週刊ダイヤモンド参照）。

疲弊していく地域経済を前提に考えると、優良企業に限らず、「生き残っていける可能性のある企業をこの世に残す」ということが重要です。第2節〜第4節では、事業承継の隘路となりかねない経営者保証の問題を取り上げました。第5節では、地方創生の観点から、金融機関の事業承継に対する考え方を転換する時期にきていることを解説します。

（1）バブル期の事業承継から地方創生を展望した事業承継へ

バブル期においては、不動産価格の高騰や日経平均株価の高騰を背景に、相続税対策としての事業承継が花形であり、「自社株の評価引下げ」にかかる提案がスキームの中心でした。図表Ⅵ-23を見ると、右上の優良企業のオーナーの節税対策が中心であったと言ってよいくらいです。

言い換えると、「個人の資産・税金対策」「後継者がいない場合のハッピーリタイヤ対策（M＆A）」が事業承継であり、「地域経済の担い手として企業の承継」という発想が欠けていたともいえます。法人担当部ではフィーの稼げる規模の企業のM＆Aが中心となり、過剰な債務を抱えてリスケに応じてもらっているような企業には関心を示さないのが一般的で、収益改善・事業改善を進めながら事業承継を考える発想に乏しかったのです。FP資格者はいるが、彼らは、個人担当部に所属する場合が多く、「税金

図表Ⅵ-23　B／S・P／Lの実態別の支援テーマ

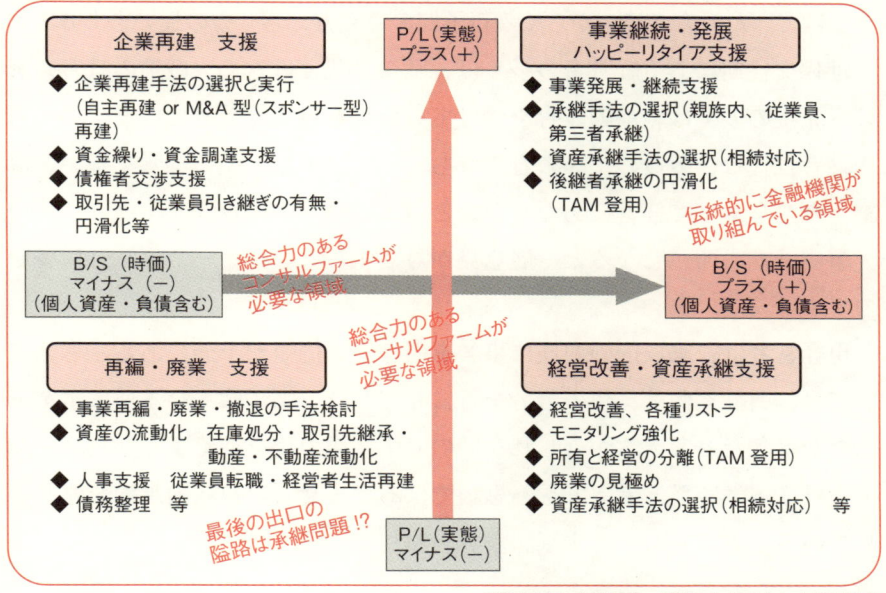

出典：CRC企業再建・承継コンサルタント協同組合

には詳しいが、企業の実態把握力に乏しい」とケースが多いようです。

　一方で、これまで企業再建・再生支援に携わった者の多くは、収益力の改善とバランスシートの改善支援に関心が奪われ、その先にある事業承継に十分目が向いていなかったという反省も必要です。

（2）企業を残す難しさ

　B／SもP／Lも十分な実力を持った企業の事業承継と比べて、それ以外の企業の場合は、格段に難しくなります。

　「事業を渡す側」「事業を承継する側」ともに、事業の現状認識が重要であることはいうまでもありませんが、この共有化は難しいのが現実です。経営に対する考え方のズレ、企業実態と将来性の認識のズレ等、隘路は多

いと言えます。

　受けてきた教育の違いからくる親子間の考え方、感じ方の違いもあります。

　世代交代期にある経営者の多くは、戦後世代とは言え、戦前の教育の影響（先生の多くは戦前の教育を受けていた）を色濃く受けています。一方、後継者世代は、戦後の平等教育で育ち、トップダウン型の経営を嫌い、協議と合意をもって経営にあたりたいという思いの強い世代です。

　事業承継の問題となると一層意見が対立するというケースは意外に多いのです。

　現経営者は、家族内の親族に事業を引き継ぐ価値が十分にあると考えていても、引継ぐ側は、親の苦労を目にしており、傷が深くなる前に事業をたたむべきだと考えるかもしれないのです。親の後を継ぐよりサラリーマンのほうが気楽だと考えても不思議ではありません。親族内承継を難しくしている理由でもあります（図表Ⅵ−24）。

図表Ⅵ−24　先代経営者との関係の変化

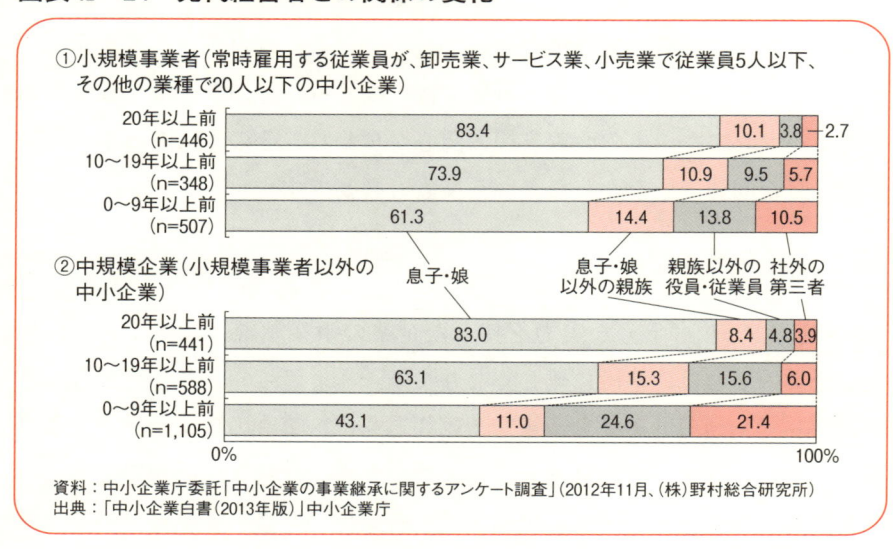

資料：中小企業庁委託「中小企業の事業継承に関するアンケート調査」（2012年11月、（株）野村総合研究所）
出典：「中小企業白書（2013年版）」中小企業庁

　時間的な問題もあります。事業承継は「明日から」というわけにはいかないのです。経営の承継は時間が必要です。事業承継期にある企業であれば、「優良企業の場合、先代のおかげで営業基盤は整備されている」という有利な面がありますが、後継者が経営を承継するには、「古参社員の取扱い」「自分のブレーンの育成」等の課題があり、第二創業と言われるほど体力と根気が必要となるのです。

　事業承継を現経営者に対し切り出したところ、「縁起が悪い！」といって嫌われてしまうという問題もあります。昔と違って60代は働き盛りというイメージがあり、事業承継をイメージできないといったこともあるでしょう。

（3）金融機関に求められる役割

　「事業承継の必要性を認識しづらい」「親子間の意識にズレがある」「実体の認識にズレがある」「将来に向けた可能性の認識にズレがある」等、事業承継を検討する前段階での課題も多いと言えます。

　まず大切なのは、「定量分析に基づく将来へのシミュレーションをしっかりと行い、明確な判断材料と資料を整備することで、現状の共通認識を形づくる役割を果たすことです。しかし、残念ながら、多くの場合は支店長や担当者の力不足といえます。

　続いて、企業の事業を把握することです。本章第1節で解説したとおり、数字に表れない当該企業の強さを把握し、的確に伝え共通認識を形成する必要があります。数値のみで判断するのではなく、当該企業の業歴やノウハウ等の事業価値の向上につながるような定性面を重視し、企業側が認識していない強みを見出し、正しい評価を共通の認識にする必要があります。

　最後に、事業承継の隘路である経営者保証の問題について正しく認識し、経営者保証に対するガイドラインの適用が受けられる企業を目指すべく、導くことです。

事業承継問題をマナ板に乗せるだけでも大変であり、そのためには工夫も必要となります。従来の融資慣行を大きく変えるものであるだけに、定着には相当期間を必要とすると考えられます。定量面の現状認識の共有化には、関与税理士との協働も有効です。負の資産を相続する可能性のある者を交えた面談と議論も必要であり、その場合の行司役を期待されます。対立しがちな親子の間に入って、第三者的な立場で議論に参加することも必要となってきます。

　コミュニケーション能力に長け、財務実態と事業を理解でき、企業の再生の手助けができる人材の育成を、金融機関は求められているのです。

第 7 章

融資案件の進め方

第1節　企業実態把握から与信判断に至るまでのプロセス

　事業性評価に基づく融資を進める上で、渉外担当者は企業の財務実態と数字に表れない定性面の特徴に目を配り、自らで稟議をまとめることが求められます。最終的に稟議作成を融資課に任せるとしても、少なくとも彼らが困らないだけの組み立てをされた協議書の作成は必要です。

　本章では、融資案件に接してから実行に至るまでのプロセスを整理し、優れた副申書とはいかなるものかを考えます。

（1）企業実態把握

　事業性評価に基づく融資に至るには前提として現状の財務力（体力、収益力、債務償還能力）の把握は欠かせません。現状の実力を把握できない者に事業性評価などできるはずがありません（弊著「ベテラン融資マンの知恵袋」第2章および4章）。

　一方で、財務力はあくまで現状の結果であって、将来を見通しているわけではありません。数字に表れない当社の定性面に着目し、将来に向けての事業の継続性と発展性を評価してみる必要があります。

　そのためには次の5点が重要です。

①ビジネスモデルを押さえる

②歴史を押さえる

③事業環境を押さえる

④経営者、次世代経営者を評価してみる

⑤従業員のロイヤリティー（Loyalty≠Royalty）・ポテンシャルを評価してみる

　その次に、将来を予測することになります。

図表Ⅶ－１　企業実態把握から与信判断に至るプロセス

企業実態把握

(1) 現状の財務力を把握する。
　・体力、収益力、債務償還能力
(2) 定性面を把握する。
　①ビジネスモデルを押さえる。
　②歴史を押さえる。
　③事業環境を押さえる。
　④経営者・次世代経営者を評価してみる。
　⑤従業員のロイヤリティー（Loyalty≠Royalty）・ポテンシャルを評価してみる。
(3) 将来を予測する。
　・将来の事業環境の変化を予測する。
　・将来期待できるキャッシュフローを予測する。

与信判断

(1) 資金必要理由を把握する。
　・裏づけ資料の確保
　　設備であれば売買契約書、工事請負契約書、図面等
　　運転資金であれば運転資金算定根拠（数字でもって根拠を示す）

(2) 全体の必要資金と調達内訳の把握

(3) 保全について検討

(4) 取引メリットの検証

(5) 採り上げ条件の検討（他行の取引条件の把握）

(6) 採り上げ理由の明確化
　事実の羅列では判断できない。担当者としての意見を明確にする。

> 判断するという行為そのものが、その判断が正しいかどうかより重要

副申書作成のコツ

(1) 案件組成上の弱点から明確にする。その上でその弱点を補強する材料について言及し、その合理性を説明する。
(2) 悪いことは隠すか触れないで、都合よくまとめられた副申書は最低であり、審査役を騙す行為と知るべし。審査役の心象が悪くなり、通る稟議も通らないことになる。

　最初に大切なのが、将来の環境変化を予測することです。前提条件を誤ると結果が変わってくるのも当たり前と言えます。これができると、将来

に期待できるキャッシュフローも予測することが可能となります。多少現状の決算の状況が芳しくなくとも将来に期待した融資への取組みが可能となります。

（2）与信判断

① 資金必要理由の把握

「なぜお金が要るのか（資金必要理由）」を正しく把握することは、企業の実態について把握することに他なりません。

運転資金名目で融資の申込がある場合、赤字資金や、ひどい時には融通手形決済資金を運転資金として、前向きな資金に見せかけて、融資申込に至るケースもあります。経営者の発言を鵜呑みにすることなく、自らの力で真の資金必要理由をつかみましょう。

そのために重要なのは裏付け資料を確保することです。設備資金であれば、売買契約書、工事請負契約書、図面等を確実に徴求することが必要です。運転資金であれば、運転資金の算出根拠を「受取条件・回収条件」「売上計画・仕入計画」等から論理的に算出できなければなりません（弊著「ベテラン融資マンの知恵袋」第3章）。

② 全体の必要資金と調達の内訳

次に、全体の必要資金量の把握と調達内訳です。

例えば設備資金の場合、対象設備の取得資金はもちろん、設計料や登記費用等様々な必要な費用があり、その全体像をつかむということです。その上で資金調達の内訳を確認することになります。自己資金がいくらで借入はいくら…、さらには金融機関別の借入の内訳は…、といった点を確認します。

③ 保全について検討

2011年9月改正の総合的監督指針で第三者の個人保証や担保に頼らない

融資慣行の確立が言われ、2014年2月1日からは経営者保証に関するガイドラインの一斉運用が始まりました。地方創生に円滑な事業承継は欠かせないことから、昨今の動きは正しい動きと言えます。

　しかし、中小企業との取引は依然として不透明で不安定なものであることに変わりはありません。経営者保証ガイドラインの適用が可能な状況か否か…といった検討は必要であり、そうでない場合は適切な保全措置を講じる必要があることは言うまでもありません。

④　取引メリットの検証

　本来、リレーションシップバンキングを実践する中で、顧客企業を深く理解し金融サービスを提供することで、適正な金利をいただける取引となるはずですが、残念なことに融資取引の現場では、金利競争に明け暮れるのが昨今の現状のようです。

　実質金利は適正か、付随取引にメリットがあるのか、といった検討は、市中金融機関である以上当然のことなのです。安易に金利競争に陥ることのないように気をつけたいものです。

⑤　採上げ条件の検討（他金融機関の取引条件）

　仮に金利競争に陥ったとしても、競合する他金融機関よりも極端に劣った条件で取引するのは考えものです。競合他金融機関の条件を聴取し、少しでも引き下げ幅を低く交渉することが求められます。その場合の着眼点としては、他金融機関と比べて不利な保全状況になっていないか等があげられます。

⑥　採上げ理由の明確化

　第三者の個人保証や担保に頼らない融資慣行の確立、経営者保証に関するガイドラインの運用開始、事業性評価に基づく融資の必要性が言われる昨今です。それだけに採上げ理由を明確にすることが重要です。

　そもそも非の打ちどころのない融資案件などはそうあるものではありま

図表Ⅶ-2　副申書（稟議書・協議書）作成のポイント！

副申書構成例	検討項目	着眼点（例）
申込内容・条件の検討	1. 金額の妥当性	・企業規模に見合う投資か？ ・運転資金として適正か？ ・投機的資金ではないか？
	2. 資金使途の妥当性	・収益弁済するべきものか？ ・資金繰り弁済か？ ※融資シェアもひとつの与信判断材料 　悪化傾向の企業から主力でない当行に全額の依頼があれば「おかしい」と感じる感性も必要
	3. 返済方法の妥当性	・資金使途に見合う返済方法、返済期間か？
	4. 金利の妥当性	・リスク（格付）に見合った金利となっているか？ ・他行比較で不利な取引条件になってないか？
業績・返済能力の検討	1. 安全性	・財務基盤は安定しているか？
	2. 成長性	・将来にわたって成長する基盤があるか？
	3. 収益性（利益・キャッシュフロー）	・返済能力に見合った調達額か？
取引メリットの検討	1. 当行の収益性は？	・実質金利は適正か？
	2. 直接取引に現れないメリットは？	・付随取引にメリットがあるのか？ ・将来の成長性に期待したものなのか？ 　（なぜ、将来性を期待できるのか？）
保全の検討	1. 裸与信額は？	・他行と比べて不利な保全状況ではないか？
	2. 保全率は？	・企業の内容からみて保全は十分か？
担当者の意見 （稟議：支店長意見） （協議：担当者意見）	上記を総合的に判断し担当者（支店）の意見を添えて検討のたたき台とする。	・弱点である項目に対し補強材料があるのか？ ・付随メリットあるいは将来性等期待できるのか？ ※検討項目のすべてがOKという案件は少ない。

> 中小企業は営業基盤が脆弱で業績の変動が大きくリスクが大きい！

> 判断するという行為そのものがその判断が正しいかどうかよりも重要！
（考えることを繰り返すことで君たちは成長する!）

せん。中小企業との取引ではなおさらです。**検討すべき項目の中に必ず弱点があるものです。その弱点を補強する材料があるのか、付随メリットがあるのか、将来性を期待したものなのか等々、担当者の意見が欲しい**とこ

ろです。

「**判断するという行為そのものが、判断が正しいかどうかよりも重要**」と言う言葉があります。特に若い方には嚙みしめてもらいたい言葉です。考えることを繰り返すことで人は成長します。経験が足らないうちは、稚拙な判断であっても仕方ないことです。数字はよくわからないが、「社長の人柄に惚れました。応援してあげたいんです」でもかまいません。**今の自分のレベルでできる最高の判断を稟議に添える**ことを忘れてはなりません。

考えた結果なら上席に否定されたとしても、足らなかったり至らなかった場所に思い当ります。それが成長の糧となるのです。

第２節　参考事例

（１）土壇場で、メイン行をひっくり返す

広島県東部に位置する中規模都市の支店勤務だった頃の話です。営業本部制をとる大規模支店（職員120名）勤務の時代です。年齢は30歳になるかならないか…、といったところです。

その取引先は医療用機器を扱う問屋でした。優良な大病院を取引先に多く持ち、定評のある医療機メーカー数社との代理店契約を裏付けに、業容は拡大を続けていました。高収益の無借金経営です。金融機関取引は地元第二地銀と当行の２行取引です。起業した折にお世話になったということで、メインは地元第二地銀でした。純預金先で、豊富な流動資金を６：４の比率を守り、金融機関取引を行う律義な社長です。

現在の倉庫配送設備では近々手狭になることは容易に想像ができたことから、いずれ設備案件が出てくるであろうとの見込みを持って、定例的に

訪問を繰り返していました。当面の営業目標は余資の運用です。しかし、律義な社長であり、なかなか取り崩せません。ワンタッチスルー（国債のプレミアム販売）等の玉を資金証券部から提供していただきながら、いずれ発生するであろう設備資金を獲得するために、深耕を図っていました。

　ある日（訪問予定日以外）、当社の前を通りかかると、いつもと様子が違います。事務棟から、書類が隣接する倉庫に運び込まれています。まるで、事務棟から倉庫に事務所を移転させているかのようです。そういえば、前回の訪問時に、倉庫内の商品がいつもより少なくて不審に感じたことを思い出しました。明らかに引越しです。何かが起こっている。

　引越しの最中に邪魔することになることを承知の上、緊急に当社を訪問しました。

私「引越しみたいですね」

経理部長「もう君に話してもいいだろう。実は倉庫が手狭になってね。本社棟を取り崩して建て替えるんだ。今の倉庫が一時的な事務所になる。そのための引越しだよ。15時には契約締結にメイン行が来ることになっている」

私「この場所に倉庫をお建てになるのですか…。大変失礼ですが資金的には１億円程度と見積もりますけど、いかがですか」

経理部長「そのとおりだよ。そのうち50百万円をメイン行で借りることになっている。後は契約するだけだ」

私「借入期間は15年、担保は融資対象物件の土地建物というのが一般的ですが」

経理部長「借入は７年だが、担保条件はそのとおりだ」

　さすがに高収益企業です。通常の建設資金で当時一般的であった15年の返済期間は必要ありません。むしろ自己資金で全額賄っても、当社の財務体質や資金繰りにはまったく影響を与えないほどの潤沢な現預金があります。

私「相談してくだされば…、残念です。でも、どこにも担保を提供せずにこれまで会社を成長させてこられたのに、抵当権の設定で、せっかく綺麗な不動産登記簿謄本を汚すのはもったいないですね。御社は自己資金でこの程度の設備はできる力があると思っています。将来に備えて手元資金を厚くしておきたいということかもしれませんが、もったいないですね。いまさら遅いかもしれませんが、返済期間３年であるなら、当行は無担保で融資できますよ。手元流動資金を厚く保っておきたい御社のニーズに合うのでは…」

　数時間後には契約締結にメイン行が来るところまで話が詰まっているのです。どうしようもないな…、とあきらめると同時に上司に言い訳できないな…、と思いながら、悔しい思いをもって当社を後にしました。

　それから10分くらいでしょうか、ポケットベル（当時は携帯電話はありません）がけたたましく鳴ります。支店の融資課長からです。私のいた支店は営業本部制で融資課長は一般の支店長と同格です。

融資課長「今、副社長から、お前の話を直接聞いてみたい…、と電話があった。一体何を言ったんだ」

　ひととおり経緯を話し、権限を超えて「無担保で構わない」と言い切ったことを詫びました。

融資課長「それでいい。すぐに副社長のもとに戻れ。課長代理をこれから向かわせる。よくやった」

　融資課との連携で、あと１時間というぎりぎりのところで融資をひっくり返すことができたと当時に、メイン取引をひっくり返すことに成功しました。

*私*を支えた融資課長のひとこと

　個人渉外から法人渉外に担当替えの時、実はこの融資課長から次の言葉をいただいたことが、この事例の背景にあります。

　「君の融資に関する感性を信じている。多少当行のスタイルと違う形であっても、君ができると判断した案件は、その場で言い切って来い。必ず、バックアップしてやるから…」

　この言葉がなければ、あの場で、「３年なら無担保でいい」など、担当者が言い切れるものではありません。普通は許されません。

　数年後、審査部長に昇進なさったおり、「なぜあれだけ信頼いただけたのか…」をお尋ねしました。私は個人渉外担当の折、住宅ローンにはまらない住宅融資を、稟議して何件も実行に結び付けたことがあります。「その時の視点、組み立てがしっかりしていた。だからだよ」ということでした。制度融資からはみ出しても、諦めずに自分の意見を持って取り組んだことが、融資分野での信頼を得た理由のようです。

（2）一応成功事例だが、悔いが残る…

　同じ支店の時のお話です。

　20万トン級のタンカーのスクリューを回すための歯車を切っている会社です。直径２メールもあろうかという巨大な歯車を鉄板から切り出しています。

　ある時、社長が工作機械のパンフレットを何枚か見比べています。新た

な機械購入の検討です。高速でスクリューを回し、20万トンの船を動かします。歯車一つひとつに巨大な力がかかり、歪みは許されません。ましてや直径2メートルの歯車となると、回転しているうちに熱膨張するため、精度が低いと簡単に破損してしまいます。当社にとっては大きな投資になります。

　三菱重工業三原造船所の仕事をしており、三菱銀行（当時）がメイン取引銀行です。私は社長が遊び心で始めた工作工具の輸入のお手伝いをしながら、取引深耕の機会を待っていました。

私「このパンフレットはスイスのライシャワー社ですね。ミクロ単位の精度が出るという評判のメーカーですね」

社長「よくわかるな。今以上に大きな歯車を切り出す仕事が増えるので、新しい機械の導入を検討しているところだ」

　実は、私は父が技術者で、ライシャワー製の機械を何度か輸入したことかあったことから、パンフレットを見た瞬間に理解できました。

私「これに決めるんですか。購入資金は当行でお願いします」

社長「でもな。三菱商事を通じて輸入することになるし、メインの意向もある。三菱銀行の提示条件より良い条件が出せるなら検討するよ」

　他の条件はどうにかなっても金利だけは三菱銀行にかないません。でも諦めたくはありません。せっかくのビジネスチャンスです。

　調べているうちに、日本輸出入銀行（当時あった政府系金融機関）に協調融資の制度があることが判明しました。当時は制度ができたばかりで使われた実績はないということです。うまくいけば、全国で最初の取組みになるということもわかりました。うまく組み合わせると、三菱以上に好条件の金利を提示できることがわかりました。協調融資ですから当行全額とはいきません。でも、ゼロよりはマシです。メインの鼻も明かすことができます。社長も三菱以上の条件が出せるなら…、と言った手前もあり、「お

前に任す」と言っていただけました。ここまでは大成功です。

私「ところで社長、為替も当然当行で扱わせてもらえますね」

　融資は当行が取り組むのです。言わなくとも為替も当然任せていただけるはずです。

社長「為替は三菱にやったよ。昨日の話だ。君が一言為替も…、と言っていたら任せるつもりだったが、残念だったね」

ということです。

　この事案は、輸出入銀行との初の協調融資ということで、日経新聞が採り上げてくれたことから、担当常務からは褒められ、「輸銀の担当者をお招きし、鞆の浦に食事を用意させるから、ご案内してきなさい。常務車を提供する」というご褒美までいただきました。

　しかし、最初にビジネス全体を展望し、話を取り込まなかった大失敗です。最もおいしいところを逃してしまいました。

第8章

融資渉外の失敗事例、成功事例

失敗事例1　純新規取引先→1年半後に破綻

失敗の原因

1. 狭い事務所であることから、経理担当の社長夫人の席から若干の距離を置いて社長ともお話していたが、正面から向き合って**社長の目を見たのは、契約書締結時が初めて**であった。
2. 嘱託とはいえ行員の紹介という油断

教訓

　社長の目を見てじっくりと話そう。会社の決算書や資料がいくら良くても**最後の判断材料は経営者との会話と観察**である。

　直観的に実権者と、間近でお話をすると、第六感というアラームが鳴ることがある。

　ある日、嘱託の女性職員から友人の知合いの内装工事業者が当行と取引したい（普通預金口座は既にあった）との話を聞いたので、時間がある時に一緒に訪問してもらえないかとの申出があった。

　その後、一緒に訪問し、**経理を取り仕切っている社長夫人（取締役）**と話をし（事務所は、平屋建てで、出入り口の直ぐ横手に応接セット、一番奥が社長席で**社長自らが図面を引いて**いた。事務所は余り広くないので、当然、話の内容は社長にも聞こえる）、事業内容等をヒアリングしたところ、内装工事はラブホテルの室内改装やパチンコ店の改装が中心、建設業の許可は取得済、従業員は5名、現在の取引は他県の地銀と地元信用金庫の2行、社長の前職の経験を活かし**5年前に独立**、社長は隣接する市の出身、

娘が1人おり、**自宅は昨年購入したばかり**とのことだった。

　当行との**取引希望理由**を尋ねてみると、**県や市の制度融資を利用する上では、やはり地元地銀が良い**ので、取引をお願いしたいとのこと。また、ラブホテルの大規模改装工事とパチンコ店の内装工事を同時に受注しており、双方とも完成後の一括支払なので、その間の下請業者への支払いに充てる運転資金も不安との話もあった。

　そこで、ひとまず決算書3期分の提出を依頼し、その日の訪問は終了した。その後、当行の女性（嘱託職員）が訪問し、決算書申告書の現物を預かってくると共に運転資金の融資として10百万円をお願いしたいとの正式な申込を持って帰ってきた。

　決算内容を見ると、会社の**資産背景は薄いものの、直近2期は黒字計上**しており、資産勘定はプラスである。ますますの内容である。他県の地銀から長期借入しているが、まずは妥当な金額と思われた。

　再度、会社訪問し、社長夫人から資金の必要理由をヒアリングしたところ、前回訪問時と同じ理由であり、工事の発注書も確認しコピーした。やはり10百万円程度の短期資金は要りそうな感じである。

　しかしながら、当社とは初めての融資取引であり、保全面にも配慮したいとの思いもある。

　社長夫人に融資を検討する上で、保証協会付の制度融資、自宅の担保差入（先順位に他県の地銀の住宅ローンの抵当権設定があり、担保余力はない）の可否、保証人は社長と社長夫人の2名とすることを打診したところ、いずれもOKとの回答だった。

　3日程度で諾否を回答したい旨を伝えて支店に戻り、まずは保証協会に県の制度融資を打診したところ、すでに利用実績があり追加で5百万円程度であれば可能との返答、残り5百万円は自宅を担保取得（先順位は抵当権なので時間経過と共にその効力は低下する）した上で、工事代金が入っ

てくる３カ月後に工事遅延等の予備期間１カ月を加算し計４カ月として短期プロパー融資で対応することにした。

　行内手続も終了し、融資を応諾する旨を社長夫人に連絡した後、融資契約書および根抵当権設定書類等一式に署名押印を取得すべく会社を訪問した。社長夫人から印鑑証明書や必要書類を取得、社長の署名を取得すべく、

事務所奥にいる社長と初めて向き合って目を見た瞬間、

「しまった。やってしまった」

という感覚が突如として襲った。理由はない、第六感というものなのか、とにかくこの融資案件は失敗した（不良債権になる）ことを感じた。

　その後、当社は、ラブホテルの内装工事の遅延と施工不良が重なり、取引開始１年半後に銀行取引停止処分となった。

　短期融資は、工事遅延によりやむなく延長手続を取る事態に陥り、遂には全額回収に至らなかった。

失敗事例２　融資実行後２カ月以内に税務署より差押え→半年後破綻

> **失敗の原因**
> 　１．融資の実績欲しさが優先した事例
> 　２．相手経営者の発言を鵜呑み
> 　３．疑問点に対し十分な検証がないまま融資実行

　不動産会社への融資は難しい。とりわけ土地を購入し造成するとなると、許認可の問題や環境問題が懸念される。最終的な融資期間や金額も不確定となりやすい。逆に金融機関側から見れば、少々の無理な要求をしても応じてもらえる先というようにも映る。

　渉外係から、そういったある面で金融機関にとって都合のよい不動産会社に対する融資案件が持ち込まれた。**造成工事が遅延して20百万円の運転資金不足に陥っていたので、融資して欲しい**との内容である。

　個人的には何となく気が進まなかったので、スルーしたいところだが、サラリーマンの悲しさか、検討するようにとの指示が下った。試算表を徴求すると、一応、仲介業務と他の不動産売買で黒字は計上しているが、貸借対照表を見ると**30百万円の未収入金が計上**されている。担当渉外係からヒアリングさせると、大きな不動産取引をまとめたが、その仲介手数料が未収となっているとの回答。さらに、その取引内容をヒアリングさせたが、まだ表に出せる事案ではないので、勘弁して欲しいとのことで、結局、**具体的な回答は得られない**まま、当面の処置として20百万円を短期資金として実行した。

　2週間後、担当渉外係より生命保険金の一括払込（元本保証）をするための融資案（融資額は28百万円）を先方に提案したところ、了承を得たので、採り上げたいとの申出がなされた。担保物件は当該融資対象物件である生命保険の解約返戻金、適用利率は基準レートより相当高めで、悪い話ではない。しかも、仮に長期資金で分割返済をさせれば、保全強化につながる可能性も出てくる。

　実行するための行内手続は完了したので、実行すると同時に生命保険会社に払込し、質権設定手続をした。

　1カ月後、**税務署**の職員が調査依頼書を持って支店に来た。**調査範囲は当該不動産会社の預金等の調査、調査理由は固定資産税等の滞納**。職員は預金の取引状況を調査した後、融資契約書類を見たいと言い出した。

　調査範囲外であることを主張したが、預金等の「等」の中に含まれているとして聞き入れないため、支店長の許可を得て閲覧させることにした。職員はしばらく閲覧して引き上げて行ったが、2週間後、税務署から差押

通知書が支店に届いた。差押対象物件は、当該不動産会社の生命保険解約返戻金である。

この場合、滞納税金の法定納期限と質権設定日の後先で優先権が決まるのだが、法定納期限の方が早かったのは言うまでもない。担保としていた**解約返戻金はすべて税務署に**持っていかれてしまった。残ったのは融資金のみ。

半年後、**当該不動産会社は、30百万円の未収入金が受け取れず**、不渡り小切手を連発して銀行取引停止処分となった。そして、融資金の全額は返ってこなかった。

失敗事例3　先入観にとらわれ、融資拡大のチャンスを逃した事例

担当エリアの外れに近い場所に自社製造の洋菓子店があった。メイン行は地元の信用金庫であり、いつもお客で賑わっており、確かに洋菓子も美味しかった。

この洋菓子店の担当を引継いだ際に、前任者から「ここは信用保証協会付の証書貸付金があるが、それ以上の資金ニーズはないので、その証書貸付金の折り返し融資程度でいいよ」との話を聞いていた。まあ、そんなものかと私自身もそれ以上の興味を示さなかった。

月に1回程度、洋菓子店を訪問して定期積金の掛金を取得する傍ら、経理を担当している社長夫人と話をするのだが、やはり資金ニーズはないようだ（社長は製造現場に出ており、事務所には滅多にいない）。

別件でたまたま訪問した際に、東京から広告業者とデザイナーが来ており、社長と何か打合せをしていた。社長夫人に聞いてみると、包装紙のデザインの変更らしい。

本来は、ここで**包装紙のデザイン変更を企図した背景をヒアリングして**

おくべきだったが、その時は何もしなかった（というより、実際はデザイン会社の女性が綺麗な方だったので、その方に気が散っていたというのが正解かも）。

　それから３カ月後、新店舗開店の貼紙でその洋菓子店が別の場所に新規に出店したことを知った。後で社長に聞いてみると、デザイナーと広告業者の訪問は新規出店の準備のためだった。必要な開業資金はメイン行から、設備はメイン行の関連リース会社から調達したとのことだった。

　引継ぎの際に資金ニーズはないと聞いていたために、頭から融資の話はないものと決め込んでいたことからきた失敗であり、また、企業は生き物であるという概念を失念していたことによる失敗でもある。

渉外担当者のつぶやき１　良かれと思って提案したのに ⁉

　転勤前の支店と比較すると、転勤後の支店の担当エリアは相当広く（隣の県まで含んでいた）、地元地銀にも係らず、担当エリア内には支店を除きATMコーナーさえもまったく設置されていなかった。

　顧客の利便性向上を図るため、当該エリアにATMコーナーを新設する話が本部からもたらされた。設置場所の選定は担当支店に任せるとのこと。当然、メインストリートに面した商業地が候補地となる。しかも自家用車で移動する人が多い地域であるから、駐車場の確保も必要となる。

　そこで、候補地に挙がったのは、地元スーパーマーケットの駐車場の一角であるが、そのスーパーマーケットのメインバンクは他行であった。話を持ち掛けてはみたものの、メイン行との立場上、協力はしかねるとの一言で終了。

　次の候補地として挙げたのは、そのスーパーマーケットの筋向いの独立系地元コンビニエンスストアの駐車場の一角（このコンビニエンスストア

は取引先であり、駐車場の取得資金や店舗改装費なども融資していた）。早速、話を持ち掛けたところ、**集客になるからとの理由で快諾**を得た。

　無事にATMの設置が完了してヤレヤレと思ったのもつかの間、コンビニエンスストアの**社長から怒られる羽目**になった。

　出勤の度に駐車場を見ると、満車になっている。さぞ、お客がたくさん来ているのだと思って店舗に入ってみると、ガラガラではないか。お客はATMにだけ来て、当店には来ない。逆に来店しようとした客が車を留められないではないという苦情が出ている。正に踏んだり蹴ったりだ。どうしてくれる。

　わずかながらも賃料が入るし、悪い話ではないと思って勧めたのだか、逆効果になってしまった。今更、撤去するわけにもいかないし、長い目で見てくださいとお願いするだけとなってしまった。

《後日談》

　ATM設置から数カ月後の夕方、支店に一本の電話が本部から掛かってきた。ATMに異常警報が出ているのですぐに確認に行って欲しいとの要請だった。慌てて行くと、すでに警察と報道関係者がATMを取り囲んでいる。何事が起ったのかと思い、近づいて当行のATM担当者に聞いてみると、何事もなく単なる機械のエラーだったらしい。やれやれ。本部への連絡も終わり引き上げようとしたところ、某地方新聞の記者が「何だ事件じゃないのか、こんな場所なら、普通は事件になっても不思議じゃないんだがな。せっかく来たのに無駄足だったよな」と同僚と話しているのが聞こえた。

　何とも複雑な気がしたのは私だけだったのだろうか？

渉外担当者のつぶやき2　メモはしっかり残そう！

　電車の中刷り広告やテレビのCMを見ていると、利率が高いカードローンがまた流行っているようだ。私もかつてカードローンの獲得競争に参加した部類だから、何となくイメージが湧くような気がする。

　そんな中での失敗。

　顧客に総合口座にセットできるカードローン（当座貸越）を勧誘していた時のこと、時々、定期預金の満期管理に伺っていた顧客先でセールスし、奥さんから承諾を得たものの、通帳の名義はご主人名義。カードローンといえども融資なのだから、**本人の自署が前提**となる。

　そこで、ご主人に自署してもらうよう依頼して、後日、取りに伺うこととした※が、奥さんも勤めがあるので、書き終わったら郵便受けに入れておいてもらい、不在の場合はそこから回収することにした（回収したら、電話で連絡することにした）。

　しばらく月日が経ち、ふと「そう言えば、あそこにお願いしたかな？」と思い立ち、訪問したところ、奥さんから「あれから1カ月ぐらい経ったけど、カードローンの契約書は郵便受の中に入ったままだし、ずいぶん悠長だなと思っていたの」と言われて、ハタと思い出した。

　契約書を依頼していたことをきれいさっぱり忘れていた。無論、メモなんか取っていないし、赤面してひたすらお詫びするのみだった。その後、ご主人には支店から電話で意思確認をして契約手続は完了した。

　※昔と違って今はカードローンとはいえ面前自署が原則です。

渉外担当者のつぶやき3　はたして良かったのか？

　融資渉外係として担当しているエリアの中に建築資材の小売会社があっ

た。社長は三代目でゴルフは上々の腕前だったが、商売の方は泣かず飛ばずの状態であった。

ある日、日経新聞にある種類のフロンガス（特定番号は記憶していない）の使用が、環境に負荷を与えすぎるとの理由から近々禁止されるとの記事が掲載されていた。

すると、その社長からそのフロンガスを購入して在庫として持っておきたいので、15百万円ほど融資して欲しいとの申出がなされた。理由は、まだそのフロンガスを必要としている企業は沢山あるので、短期間で十分な鞘が確保できるからとのことだった。

確かに社長の言うとおりだとは思ったが、**禁止が間近に控えている品物に対して融資することがはたして道理に合っているのか？** その反面、当社の業績を考えると、この仕入と販売で少しでも業績の向上を図りたいという事情も理解できる。

結局、短期資金で応じて、予定どおり返済はされたものの、自分の中では今もってこの融資は良かったのか結論は出せていない。

渉外担当者のつぶやき4　メインとしての立場？

新規の融資取引先として大型トラックを20台程度保有している運送会社を開拓した。

当初飛び込みで入ったのだが、たまたま当時のメイン行である他県にある地銀の担当者とうまくいっていない時期であったので、当行との取引開始の話は比較的スムーズに進んだ。

実際に決算書3期分をもらい、内容を見ると3期共に当期利益は若干赤字計上しているものの、減価償却費を考慮すると、まずまずであり、返済余力もある。担保として考えられる不動産（会社の事務所とトラックの駐

車場）にはメイン行の根抵当権極度額30百万円の設定があるだけであり、第2順位設定でも60百万円程度の担保余力は十分にあるものと判断できた。

　社長の話では、当面、新規車両の購入予定もなく、運転資金は手持手形の割引で対応するとのことであったので、手形割引とメイン行の肩代わり資金を提供することを提案した。予定どおり話が進み、行内手続から融資金の実行、根抵当権の設定、メイン行への返済も無事に完了した。

　これで当行の1行取引先（完全なメイン行）になったので、**担保権は第1順位で、今後の資金需要に備えて増額が可能な状態**にしておきたい。そこで、社長に第1順位に設定してある他県の地銀の根抵当権抹消を依頼したところ、やんわりと断られた。私も早急に事を進めすぎたかと思い、追加融資の話もないようであるので、いったん、**抹消の話は見送る**ことにした。

　その後、私は転勤となったが、後に聞くところによると、メイン行であった他県の地銀の担当者が交代し、その後任者が、第1順位の根抵当権に基づき、設備資金を融資したとのことであった。あの時、**第1順位の担保権を抹消しておけば、他行の巻き返しは防げた**かもしれないと思うと、何とも言えない気持ちになる。

苦い思い出　融資のベテランの勘には耳を傾けるべし（事業性評価の難しさ？）

　ある日、建設業を営んでいる企業の社長から興味のある話があるので、相談に乗ってくれないかとの電話があった。その取引先は、業績も良好であり、事実上、当行の1行取引先でもあった。

　社長からの話を聞いてみると、フィリピンでマグロ漁をしたいので、融資を検討して欲しいとの申出であった。

　建設業がマグロ漁に進出。畑違いもひどすぎると思い、社長に思い留ま

るよう話を仕向けてみるもまったく聞く耳を持たない。やむなく、資料とプランを提出してくれれば、検討はしてみることを回答してお引き取り願った。

　数日後、その社長は1人の男性を連れて来店した。男性（仮にS氏という）は元外国船航路の一等航海士とのことであり、今回の話はS氏が計画したものなので、同人が説明するとのことであった。

　S氏の説明によると、気仙沼で中古の漁船を4隻調達し、その船を無償でフィリピンに設立した現地法人に寄付する。寄付後、船籍をフィリピンに変更する。操業はフィリピンの国旗を掲げた形で行う。獲れたマグロは沖合で冷凍し、マグロを買い集めに来る冷凍船に託して、日本へ輸出するというものであった。

　中古漁船購入代金を含む設備資金と運転資金で110百万円の融資である。担保には別な協力者の自宅を提供するとのことであった（社長の自宅はすでに入担済で余力なく、S氏には所有不動産はなかった）。中古船を含む設備関係や今後の計画等についての資料を求めたところ、早急に提出するとの回答であった。

　1週間後、必要な資料が提出され、断るにせよ、一応は検討せざるを得ない状況に陥った。しかし、どう考えても、いきなり本部へ稟申するというのはハードルが高いと思われたので、まずは協議書レベルの書類（中身は稟申とほぼ同じ内容）で本部へ話を持ち込むものとした。

　案の定、本部では「何を考えているのか」レベルの非難が浴びせられ、具体的な内容まで立ち入る前の段階で終了した。

　こうなると、逆に私の悪い癖が出て来て、そこまで非難するのであれば徹底的に調査して本部が反対できないようにしてやるという気が湧き起ってきた。支店に戻り、再度、最初から事業の内容をチェックし直し、許認可の問題、課税の問題、輸送用の船便状況、市場の動向、漁場・治安（海

賊）状況、船舶基地の状況等を調べ、水産庁はいうに及ばず、在日フィリピン大使館の担当者にまで確認を行った。今ならば、インターネットで調べることもできるかもしれないが、当時はそんなものはなかったので、すべて書籍と電話・FAX での対応であった。

　これらを稟議書の添付資料としてまとめ上げ、本部稟申を行った（支店長も調査内容に呆れて黙って印鑑を押してくれた）。

　当然、稟議内容について本部からは色々と質問してきたが、すべて回答したし、資料にも記載してあったので、理論的には何ら問題のない状態になった。担当審査役からは、本当に実行するのか？ 理論的には問題ないが、いやな予感がするのでやめておく方がよいとの忠告があったが、若気の至りか、「理論的に問題ない以上、実行しないという理由はないものと思いますが…」と返答していた。そして、遂に融資実行した。

　計画は予定どおり進み、第1回の水揚分が焼津港に到着したとのことで、社長が冷凍マグロを支店に持ってきた。

　しかし、その後、現地従業員とのトラブルや船舶の冷凍設備の不調が多発し、1年後、遂に事業を停止するに至った。当然、融資金は全額返済とはならなかった。そして、担当審査役からの忠告のみが耳元に残った苦い思い出である。

苦しかったが良い思い出　業況担保？ これこそ事業性評価に基づく融資？

　精密金属加工を営んでいる企業から増加運転資金として60百万円の融資の申込があった。売上高は年間1,000百万円、営業利益は100百万円、従業員数は50名程度の規模であり、当行の1行取引先に近い状態である。

　当社とは普段は手形割引が中心の取引であり、過去に融資した工場新設

の設備資金と季節資金がある程度であった。社長は創業者であり、決算期を重ねるごとに業績は上向いており、近隣地域ではその加工技術ではトップクラスになっていた。

早速、ヒアリングを実施するとともに試算表を依頼して分析、増加運転資金が必要な理由と申込金額の妥当性も理解できたものの保全面が厳しい。業況から考えて、増加運転資金は長期資金で対応せざるを得ないことは明らかだ。

支店の取引先の大部分は、当時の日本鋼管が進出してから創業した企業であり、物的担保になるものは限られている。無論、保証協会の利用も行ってはいるが、既に利用枠が一杯となっている先が大部分となっている。当社も例外ではない。

本融資は長期で事実上の無担保融資となる。適用利率も他行との競合上、あまり無理なことはできないし、実質的な利率上昇となる保証料を負担させることはできない。

困った！

できの悪い頭を抱えていても仕方がないので、協議書を作成して本部に打診を図ることにした。

融資の役席と一緒に本部の担当審査役を訪ねて、申込内容を説明し、保全面での話が終わった途端、担当審査役から「**君たちは何を考えているんだ。担保がない？ あるではないか**」と言って、当社の概要をまとめたファイルの中にある P／L 部分を指し示した。

要は企業の業績が担保であるとの考え方をとればよいことを示唆したのだった。

さて、これで方向性は見えたものの、融資担当者としての問題はここからだ。

業績が良いから融資をするという理屈は理解できるものの、具体的に何

をもって業績が良いとして稟申するのかがわからない。決算書の分析は既にファイルの中にあるのだから、改めて説明する必要もない。

　困った！

　またまた頭を抱えていたとき、ふと、この支店の融資の前任者でもあり、かつこの本の共著者に何かヒントをもらえるのではないか思って連絡してみることにした。

　夜間であったにも係らず、応対してもらい、経常収支比率を算出してその比較をすれば説得力があるとの優しい回答をもらったのだが、はたして経常収支比率とはなんぞや？　との疑問が新たに生じることになった。

　当時は殊勝なことに普段から机の中に金融法務辞典と貸付用語辞典を入れていたから、早速、貸付用語辞典で内容を調べて、悪戦苦闘の末、何とか経常収支比率なるものを算出することができた。

　その比率を記載した稟議書で稟申したところ、何事もなかったかのように認可が下り、無事に融資実行するに至った。

　しかし、良い勉強をさせてもらった事案だった。

《共著者からひとこと》

　本事案はよく覚えています。

　夜中の11時半くらいだったでしょうか。突然の電話でした。「採上げ可能と思うのだが、組み立て方が分らない…」というものでした。

　同社は当時、鉄板、鉄パイプの曲げ技術に（溶接を必要としないため強度が保てる）新技術を開発し注目を浴びつつあるといった状況にありました。最近2年間では、受注型企業であるにも関わらず、右肩上がりに受注が増加し、近々、新工場建設のニーズが予測できました。

　一方、社業の拡大に内部留保が追い付かず、資金的には常に忙しい状況にありました。担保、保証、信用保証協会利用という従来の融資手法では、当社の発展のお手伝いには限界がくることは明らかでした。

今後の当社に対する取組み方や稟申時の組立て方について考えている矢先の転勤でした。

　本来、受注型企業の場合、受注の波によって経常収支は大きく動くため業況判断には使い難いものです。しかしながら、当社の右肩上がりの売上進展を見ると、経常収支の推移による業況分析は可能と思え、むしろ説明がつくなら、大きなアドバンテージになると考えていました。

　真夜中の電話でした。樽谷さんにはこのことを伝え、取り組んでみるようにアドバイスしました。

　明け方の４時頃でしょうか。私と入替わりに樽谷さんは配属になったのですが、融資経験がなかったことに気が付き、目が覚めました。そもそも経常収支の意味すら知らないはずです。もう少し丁寧に説明してあげればよかったと後悔しました。

　支店の鍵は朝８時に開きます。いろいろ伝えたくて、電話をしました。

　彼は電話口で、「稟議をまとめて、出勤途中に審査に寄ってきました。承認をいただきました。後先にはなりましたが後は支店長の印鑑が座ればもう一度審査に持ち込み、正式に認可を得て、実行するだけです」と言うではありませんか。

　おそらく、樽谷さんは徹夜で勉強し、稟議をまとめたに違いありません。今と違い、時間無制限に仕事をすることができた時代とはいえ、皆さんにも、彼のような気概と根性を忘れないようにしていただきたいと思います。

ありえない出来事　事実は小説より奇なり

　これは本部に転勤して間もない頃に担当していた営業店案件の話。

　ある日、「Ａ裁判所の執行官からお電話です」と本店の交換台から掛かってきた。

　何か問題がある先があったかな？　と思いつつ電話に出た途端、「おたくは一体何を考えているんだ」と怒鳴られた。「ちょっと待ってください。何を言われているのか、まったくわからないのですが」と返答したところ、「こちらはＡ地裁の執行官のＸだが、おたくが申し立てした平成〇年（ケ）第△号という不動産競売事件があるだろう。その件だ」。確かにその競売事件は私の前任者が当行名義で申立てしたもので、ここ何カ月も進展していない事件だった。

　「この事件が何か？」と私。

　「おたくの銀行はいつから海を競売するようになったんだ」と執行官。

　思わず「はい？　仰っている意味がよくわからないのですが…」と私

　「海を競売しているんだよ、おたくは」と苛立つ執行官。

　私の頭はますます混乱してくるばかり。海って不動産だっけ？　民法の不動産の定義って何だっけ？　でもいくらなんでも海が土地は違うよなぁ、などと頭の中はパニック寸前。そして、一瞬、頭をよぎったのは、競売対象物件は波打際だったかな？　というものだった。波打際の土地であれば、確かに潮の満ち引きで「海」ということもありえる。

　しかし、担保物件（競売対象物件）の写真には、海岸線沿いのしっかりとした地面の上にレストランが建っていたように記憶している。もうアカン。

　やむなく「すいませんが、引継いで間もないので、事情を教えていただけないでしょうか」と尋ねたところ、執行官もこれ以上話をしても仕方ないと思ったのか、「おたくにある記録をよく読んで連絡をくれ。その間、事件の進行は留めておくから」と言い放って電話は切れた。

　営業店から本部に送られてきている資料や過去の調査資料に端から目を通していったところ、どうやら競売申立した不動産のうち、土地の海側に沿った部分（敷地全体の半分程度）は不法埋立地のようだ。そうなると、不法埋立地の上にあるレストランの土地は本来はないことになる。つまり、

レストラン自体は海の中に建っているとの解釈だ。でも、競売申立する際には、登記簿謄本、公図、建物図面も裁判所に提出するはずであり、仮に海であれば、その時点で判明しているはずである。しかも、競売の開始決定は出ている。少なくとも、書類審査は通過している。

法務局、県庁、市町村役場など色々と尋ねた結果、過程は長くなるので省略するが、所有者が勝手に公有水面（海）を埋め立てた後、色々と手を回して表面上の書類を完備したことが判明した。

競売を続行しようとすると、本来は原状回復（埋立前の状態に戻すこと）が前提となるが、すでに相当期間が経過しているので、公有水面を管理する県側も話し合いに応じる用意はあるとのことであった。最終的には所有者と話し合い、県側に申請することで決着させ、任意で処分したものの、予期しない事態であった。

本事案では、土地といえども、目に見える土地がすべてではないことを痛感した。

《後日談》

この土地の近くの出身者にこの話をしたところ、笑いながら「よくある話だよ」とのこと。

その理由として、牡蠣の養殖が盛んな地域なので、牡蠣の身だけを取り出して市場に出荷すると貝殻が当然残ることになる。その牡蠣殻を置く場所がないので、自身の所有する土地の海側（土地の奥側）から順次山積みしていくとのこと。

一定の高さになると危険なので、海側に向けて取り崩す。これを何度も繰り返していくと、そのうち、海が埋まり一定の「土地」になるとのことだった（ただし、この話の真偽のほどは不明だが、何となく納得できる話であった）。

「事実は小説より奇なり」とはよく言ったものである。

苦労した話　稟議は理由が立つかが重要！

　当時、勤務していた支店の取引先には日本鋼管（現 JFE）福山製鉄所関連の仕事をしている企業が圧倒的に多かった。Ａ社もそんな企業の１社であった。ただ、Ａ社には３事業あり、メインの事業が日本鋼管の仕事という取引先であった。取引状況は、事実上の当行１行取引先であり、従業員数は100名程度、売上高は数十億円、与信額は10億円超という内容であった。

　中旬のある日、いつものように融資の席で稟議書を書かねばと頭を抱えていると、Ａ社の財務部長が来店された。窓口処理が済むまでの間、財務部長とはよく雑談をしていたので、また今日もそんな感じかなと思っていたところ、どうも顔つきがいつもと違う。

　「ちょっと、いいか？」と財務部長。

　「どうぞ」と応じて応接室に通した。

　お茶が出る間もなく、財務部長が話し出した。

　「実は、今度、日本鋼管からの受取条件が変わるんだが…」

　「どんな風にですか？」と私。

　「検収後、６カ月の現金になる。その間、手形も発行されない」と財務部長。

　「厳しいですね。個別に条件を変えてもらうことはできないのですか？」

　「無理なようだ。応じられないなら、取引は解消というニュアンスで来ている」

　「でも、そうなると、その間どうされるのですか？　下請企業や従業員給与の支払もあるでしょうし…」

　「そこでだ。運転資金として100百万円の融資をお願いしたい」

　「100百万円ですか？　大きいですね。しかも、お話の内容では、どうも、

当面、短期でつないで時期を見て長期へシフトという形になりそうですね」

「そうなんだ。検討してもらえないか？」

「それはいつ必要なのですか？」

「できれば、月末にはお願いしたい」

「わかりました。検討してみますので、試算表等の資料をお願いします」

「大丈夫だろうか？」

「断言はできませんが、頑張ってみます」

というやり取りの中から100百万円の融資を進めることになった。

　無論、簡単な案件ではないなとは思っていたが、まさかこんなに難航するとは！

　A社の過去の業績は比較的安定的に推移しているが、他の大部分の取引先と同様に担保余力はない。保証協会付融資は、A社の場合、事情があってあまり利用できる状態にはない。対応するのであれば、プロパー融資となる。

　しばらくすると財務部長から資料が届いた。業績はますますの状態である。

　まずは3事業ごとの業績を洗い出して、内容を見てみると、メインの事業（以下、甲事業）はますますであるが、昨年から始めた事業（以下、乙事業）が相変わらずマイナス推移となっているものの、数百万円程度の赤字で大きな金額ではない。もう一つの事業（以下、丙事業）は収支トントンである。

　次に現在のメインの甲事業の受取条件を再確認した上で、今回示された受取条件（以下、新受取条件）で試算した金額との差を算出してみると70百万円となり、申込金額の100百万円にはならない…、ということは、差額の30百万円は本来不要な融資ということとになる。

　差額の30百万円は何か？　乙事業の赤字補てん資金か？　そもそも財務諸表が間違っているのか？

　財務部長は、何十年もの間、Ａ社の財務を担当しており、十分に信頼できる人物である。虚偽の資金使途などでの申込とは到底思えない。では、何か着目する点を見逃しているのか？　考えていても埒が明かないので、Ａ社を訪問して財務部長に質問してみることにした。

　その結果、甲事業では完工して検収を受けるまでのタイムラグとして通常は１カ月程度が発生すること、新受取条件で新たな大型工事を請け負っていること（ただし、エビデンスはまだない）、乙事業のマイナスは大勢には影響ないこと、丙事業で若干の収支ズレが生じてきているという新たな事実がわかった。これらの新事実を合算して試算してみると、確かに100百万円超となる。

　これで**資金使途の説明は何とかつくが、今度は保全面をどう手当するのかが問題**となる。当面は短期融資なのだが、将来的に長期へシフトすることが予想される以上、保全面の手当も検討せざるを得ない。何か取引のエビデンスがあれば、それを基にしての展開も可能なのだが…。

　困った！

　企業ファイルを眺めていると、不動産担保欄の所でふと気が付いた。不動産担保の評価から相当年月が経過していたのだ。ひょっとして評価替えをしてみれば余力が生じるかもしれない。でも、時間的にそんな余裕はなくなっている（この時点で残り３営業日）。正規の評価替えをしているような時間はない。

　待てよ！

　正規のものが無理なら、非公式ではあるものの、**実資力検討表を使えば説明ができるかもしれない**（過去の稟議書の中で実資力検討表を用いた例を見たことがあった。定かではないが、この本の共著者が作成していたものかもしれない）。実資力検討表であれば、Ａ社全体の資力を評価することが可能になる。支店長と役席に協議して、その方向で作成することの同

意を得てすぐに取り掛かった。

　翌日（残り２営業日）、財務部長が不安そうに訪ねてきた。

　「大丈夫か？」

　「今、やっています」

　「今月が無理だったら、手形を割れば今月末日は凌げるからな」

　「でも、必要なんでしょ？」

　「必要だ」

　「わかりました」

　翌日（月末）の朝一番で本部へ持ち込んだところ、例によって審査役から色々と厳しい指摘と質問を受けたが、最後には、補正は後でいくらでもしますので、稟申内容の可否を先に教えてくださいと伝えたところ、支店の判断に任せるとの回答を受けた（この回答の場合、余程問題がない限り、稟申は通る。ペーパーベースで稟議していた時代のよき伝統である。今では考えられない）。

　そして、月末当日のシャッターが閉まる20分位前に100百万円の融資実行をした。

　シャッターが閉まる直前になって、財務部長が支店に飛んで来た。

　「本当に実行してくれたのだな。ありがとう」

　「よかったです。でも、ちょっと遅い対応になってしまいましたが…」

　今もＡ社は元気に事業を営んでいる。その後、財務部長は常務取締役となり、数年前に退任された。私もすでにその支店を離れて20年超が経過したが、今も財務部長とは年賀状のやり取りが続いている。

《後日談》

　融資は実行したものの、後でいくらでも補正するといった稟議書は、結局、５・６回書き直しとなり、ようやくＯＫを貰ったのは融資を実行した１週間後だった。個人的にも書き直し回数の第１位となった。

したたかに成長した行員の話　新規開拓を通じて後輩の資質を感じた

　支店の融資渉外担当となって2年が経過したある日、後輩の行員（入行3年目）が話しかけてきた。

　「あのー、A社なのですけど、今度、当店で手形割引を開始してもらうことになりました」

　A社は、支店の近隣にある建築資材を取り扱っている企業で、当行に預金取引はあるものの、融資取引は他行でしている先だった。

　「ふーん、そうなんだ。良かったね」と話を終わらせようとしたところ、その行員が「A社の割引の利率なのですが、何パーセントにすればよいですか？」と尋ねてきた。

　一瞬「？」となった。彼の言っている意味が理解できなかったのだ。

　「それどういう意味？」

　「ですから、A社の適用利率をどうしようかと思うのです」

　「ふーん。では、適用利率は12％でどう？」

　「いや、それでは…」

　「だって、銀行としては高い利率で貸出を増やせば、利益が上がるだろ。いいじゃないか」

　「いや…」

　「だからさ、12％を適用利率とすることはできないのだろ。それとも支店内部で話をした結果、12％ですと言いに行けるのか？」

　「無理です」

　「ならば、自分でA社の財務内容、取引状況や今後の取引を考えた上で、この利率を適用したいが、どうですかと言えば、いいじゃないか」

　「はい…」

　「これが現在の適用利率の通達だ。必要であれば、本部稟申でもかまわ

225

ないよ」

　しばらくして、彼はＡ社と話をする傍ら、同社の企業ファイルを自分で作成し、適用利率の案を持ってきた。採算は取れそうな利率だったが、本部申請となった。

　彼から２、３必要な事柄を追加で聞いて本部稟申をし、数日後、本部から認可が下りてきた。

　「認可が下りたので、割引を進めてもいいよ」と彼に伝えたところ、いきなり目の前の電話の受話器を取上げてＡ社に電話を架け始めた。

　そして、「社長、あの割引の件ですが、私も苦労しましたが、何とかお話しした利率で認可を取りましたので、進めさせてもらいます。よろしくお願いします」と伝えた後、こちらを見て笑っている。

　思わず、「お主やるな」と私も笑ってしまったが、彼としては自分で発掘した案件を自分の手で分析し、彼が当行でのＡ社の窓口であることを明確にアピールできるし、彼もＡ社から信頼を勝ち得ることにつながる。今後、Ａ社との取引も深耕が図れることになる。

《後日談》

　誰でも自分が努力して開拓した取引先には愛着がある。ならば、最後までその新規開拓先に対する自分の考えや主張を持って欲しい。無論、考えや主張をする以上、その企業の内容や方向性等をすべて把握しておく必要はある。でも、そういったことが、最終的にはバンカーとしての自信にもつながるのだ。

　当時若かった彼も、15年後には審査役として活躍し、支店長を経験した後に営業推進担当部の担当部長としてバランスのとれた将来有望な職員に成長している。

チャンス到来　純預金先（無借金経営の優良企業）

　冷暖房設備の設置工事を営んでいるＡ社という企業があった。Ａ社の売上高は100百万円程度、従業員は10名程度の比較的小規模な企業ではあるが、業績は良く、資産背景もしっかりしていた。しかも事実上の無借金経営である（定期性預金が借入金額の数倍あった）。

　融資を行いたいが、運転資金は手元流動性預金と廻し手形で賄っており、運転資金の需要も皆無であった。しかし、いつかはチャンスがあるのではと思いつつ、しばしば訪問していた。

　ある日、社長と経理担当の社長夫人と話をしていたところ、社長から「工場が狭くなったので、建増ししようかと考えているが、建設屋さんも忙しいからな」との発言があった。

　チャンス到来である。

　「その話をすぐに実現させる気はありませんか…」と尋ねたところ、一瞬、社長が（おや）という顔して、「建てられるのであれば、そうするけどな」との返答。

　続いて「予算はいくらくらいですか？」と尋ねたところ、10百万円程度以内であればとのことであった。

　それを聞いて「資金は当方で用意しますが、建設屋の心当たりはありますか」と切り返してみると、「特にない」とのことであったので、「では建設屋も当方で用意する方向で対応します」と返答した。

　社長からは変わったことをいう銀行員だなという顔つきであったが、一応、「いいよ」という承諾をもらった。

　支店に戻って、早速、取引先である建設業のＢ社の専務に電話し、事の次第を伝え、明日にでもＡ社に行って打合せをして欲しい旨を頼んだ。Ｂ社の専務からも銀行員が建築仕事の斡旋もするのかと不思議がられたが、

すぐに対応してくれ、2週間後には基礎工事が始まり、あれよあれよという間に完成した。

　建設費は専務に勉強してもらい10百万円以下に抑えてもらった。

　そして、当行はA社の当座預金開設（普通預金と定期性預金は既に開設済であった）と融資実行、その後、融資金はB社の口座へ振込となった。もともと潤沢な資金を持つB社は、その融資金を使うことなく新たに開設した当行口座に留まる結果となった。双方の取引を合算した支店内の預貸率は100％であり、実質金利も上昇する結果になった。

《後日談》

　後日、A社とB社の双方から感謝された。**ビジネスマッチングという言葉が一般的になる前の事例**である。

　これは、**A社とB社の双方の企業内容を知っていたから、たまたまうまくいったケースで、中途半端に行うと、双方から信頼を失うことにもつながりかねないことを忘れないで欲しい。**

融資判断とは　融通手形の決済資金を融資することで経営者の意識が変化するきっかけとなった事例

　融資担当者になって1カ月後、ボイラー関係の事業を営むA社の社長夫人（経理担当）が、来店した（A社は渉外担当の頃にたまに訪問していたが、融資関連の話は窓口で融資担当者としていた）。

　A社は、従業員20名程度、事実上の当行1行取引先、売上高は300百万円程度、経常利益はトントンという会社であるが、資金繰りは常に忙しい先であった（前任者は月末が近づくといつも当社の件でぼやいていた）。

　その日は、月末の資金繰りの関係で手形割引の申込に来たようである。手形割引の銘柄を見ると隣接市にある染色会社のC社（当行取引なし）で

ある。C社の手形はここ半年程度、毎月、A社から割引に持ち込まれている。

　A社は、昨年から、自社のボイラー技術を利用して、染色関係の機械を製作していることは知っていた。社長夫人にC社との取引を聞いてみると、**A社が他社から染色の受注を受けたものをC社へ発注しているとのこと。しかし、A社は染色用の機械を製造しているだけであり、先日、A社に引継ぎの挨拶に行った際にも、社長からはそのような話は出ていなかった。**

　そこで、社長夫人にどこから受注したものをC社に発注しているのかを尋ねてみると、曖昧な回答しか得られない。また、自分で決算書を見た限りでは、該当するような企業名はなかったと記憶している。

　何となく釈然としない。

　そこで、いったん**C社の手形は割引せずにお持ち帰り願う**ことにした。社長夫人からは、当然、前任者はすぐに割引に応じてくれたのにというクレームが出されたが、前任者はそうであったかもしれないが、今は違うと言って断り続けた。

　2カ月後の月末近く、その日の業務も収束方向へ向かっていた時間、突然、A社の社長が来店した。先日の割引のクレームかと思いきや、融資の責任者と一緒に面会したところ、えらく落ち込んでいる様子である。

社長「実はご相談がありまして」

私「何でしょう？」

社長「先日の**C社の手形**なのですが、**実は融通手形**でして」

私（思わずやっぱりな…と思いつつ）「で、総額でいくらあるのですか？」

社長「先月末までのものは何とか決済したのですが、残りは約10百万円です」

私「10百万円ですか？　今月末分はいくらあるのですか？」

社長「残りの10百万円が回ってきます。さらに通常の運転資金の不足分が10百万円あり、計20百万円の資金不足です」

私「20百万円ですか？　今月末に…」

社長「何とか助けてもらえないでしょうか？」

私「しかし、何で融通手形に手を出したりしたのですか？」

社長「資金繰りが厳しかったところに、たまたま知人のC社から持ちかけられたのが発端です。すぐにやめようと思ったのですが、ついつい…」

　典型的なパターンである。

　「とりあえず、お話の内容はわかりました。我々としても、今、この場での結論は出せません。検討はさせていただきます。今日はお引き取りください」といったん打ち切った。

　社長が引き上げた後、早速、支店長、融資責任者とのミーティングが始まったが、支店長は自身の融資経験が浅いので、結論は2人に任せるとして席を外してしまった。

　A社の取引状況は、貸金が150百万円で保全ポジションが辛うじて取れている状況である。ここで、先程の20百万円の融資を実行すると、確実に保全割れとなり、ロスの発生が見込まれる。

課長「どうする？」

私「やらざるを得ないでしょう。当行1行取引先ですし、あの社長も本来は真面目な人物です。今回も自分から白状しに来ましたし、最後に不義理をするとは思えないのですが。それに従業員のこともありますし…」

課長「そうか、やるか。でも、相当厳しいぞ」

私「しょうがないでしょう」

課長「しかし、何だな。君の融資スタイルを見ていると、最後に面倒を見るか見ないかが基準になっているようだな」

私「そうかもしれません。ただ、メイン行としての立場もありますので…」

　その夜から、ただちに事の顛末（事故報告）と同時に稟議作成に取り掛かり、翌日、本部へ提出した。案の定、本部からは色々と厳しい指摘があ

り、新たな書類の作成に追われる羽目になったが、最後には本部の理解も得られ、承認してくれた（融通手形の決済資金である旨、理解したうえでの承認）。

　月末、社長に来店を促し、「社長自らがすべて話してくれたので、今回は対応することにしたが、以後、同じことをしたら、その時は我々も支援することはできない。その点はしっかりと記憶しておいて欲しい。また、何か問題が起これば、相談に乗るので、話をして欲しい」と伝えた。

　以後、何か新しい事案が発生する度に、社長が来店するのには閉口することになったが……。

《後日談》

　本来、融通手形決済資金は融資すべき性格のものではない。融通手形を切るということ自体、経営者が安易な方向に流れ、金融機関との信頼関係を裏切るものである。

　本件では、以上を十分理解したうえで、次の点を考慮して融資に踏み込んだもの。

①経営者自らが恥を忍んで自らがその事実を開示し、支援をお願いに来ていること

②当行1行取引先であり、この時点での融資打切りは当社の破綻を意味すること

③本件融通手形の発行は非難されるべきものであるが、これまでの取引振りは誠実で、信頼が置けるものであったこと

④裸与信が発生するが、これまでの取引状況、業況推移から許容範囲と判断できたこと

　以上、今回は、資金繰りに厳しい中で、魔がさしたというべきであり、銀行が過去の取引振りを評価し、曲げて支援の判断をしたもの。今では、取引先の大きな信頼を得て何でも相談いただける関係が築けた事例である。

なお、中小零細の場合、経営者が無知であるゆえに、安易な方向に流れやすい面がある。本件も資金繰りに慣れていない経営者が金融機関を説得するすべを知らず、安易な道を選んでしまった。

　地域金融機関には、経営者を育成する責務がある。教科書的には対応しきれない特異な事例と言える。

おわりに

1985年のプラザ合意以降、多くの金融機関は、目先の業容拡大を追われ、バブル崩壊後は目先の利益を追いかけた。金融機関の都合を押しつける営業活動が幅を利かすことになった理由の一つがここにある。「融資推進というものは、お金のいらない企業に融資を押し込むことだ」と信じてやまない人種が、地域金融機関を席巻し始めたのもこの頃からである。

本来、融資渉外活動の基本は「企業と向き合い、じっくり話し合うことで、情報を収集し、課題解決型の融資に結びつける」ことである。もちろんこのような渉外スタイルは時間がかかる。目先の業容拡大と利益追求の文化の中で、本質的な考え方をする者は、「営業推進を邪魔する奴」として疎まれ、永く片隅に追いやられたといっても過言ではない。平成26事務年度金融モニタリング基本方針で、重要施策のひとつに「取引先企業の事業性評価」が採り上げられたといっても、これまでの営業スタイルに慣れた若手職員には戸惑いも大きいであろう。また、残念ながら読者の上司の多くも、簡単に頭が切り替わらないはずであり、現実とのギャップに悩むというのが実情である。

本書では、事務の基本から、事業性評価につながる考え方まで、幅広く網羅した。事務の疎漏から無用のトラブルに巻き込まれるわけにはいかない。渉外活動の本質を理解し、真に地域経済に貢献できる融資渉外（法人）担当者の育成を願う。

第1章を担当した楫野哲彦氏は、私とほぼ同時期に同じ銀行に在職した。営業店勤務時代は中規模、大規模店で支店長を歴任し、豊富な経験を持つ。国際企画部、東京企画部等での企画経験もあり、本部の施策にも精通している。彼は銀行をいち早く退職し、「大人の学習室」というテーマで新規

事業を立ち上げ、5年をかけて事業化を成功に導いた異色の経歴を持つ。起業の経験はその後300社におよぶ創業支援に活かされている。きっと読者にとっても参考となる話が多いはずだ。彼の豊富な業務推進の経験に照らし、地域金融機関の若い金融マン向けにエールを込めた執筆をお願いした。

第8章を担当した樽谷祐一氏は、銀行では私の8年後輩にあたる。プル型営業（顧客としっかり会話し、課題解決型の融資につなげる）の名手で、顧客企業から信頼され、多くの企業を育ててきた。もちろんうまくいった事例ばかりではない。彼には敢えて失敗事例や悩んだ事例を中心に執筆をお願いした。赤裸々に失敗事例を語ってくれている。彼の貴重な経験を共有して欲しい。

平成29年1月

寺岡雅顕

引用・参考文献

・融資業務研究会 編「第三版 融資業務180基礎知識」銀行研修社

・畑村洋太郎 著「起業と倒産の失敗学」文芸春秋

・三品和広 著「経営戦略を問いなおす」筑摩書房

・池井戸潤 著「図解 これだけ覚える融資の基礎知識」近代セールス社

・中島久 著「入門！ 企業分析の手法と考え方」経済法令研究会

・澤昭人／濱本明 著「図解 会社を潰さないキャッシュフロー入門」中経出版

・経済法令研究会 編「銀行業務検定試験受験対策シリーズ 財務3級」経済法令研究会

・依馬安邦 著「企業観相術」銀行研修社

・貸出条件緩和債権研究会 編著「P/L 再生の実務」銀行研修社

・中小・地域金融機関向け監督指針問題研究会 編著「中小・地域金融機関向け監督指針早わかり」きんざい

・細矢進 著「財務で切り込む法人営業」近代セールス社

・澁谷耕一 著「経営者の信頼を勝ち得るために」きんざい

・都井清史 著「粉飾決算企業で学ぶ実践「財務三表」の見方」きんざい

・都井清史 著「コツさえわかればすぐ使える決算書速読・速解術」きんざい

・傳田清雄 監修／融資審査研究会編著「融資判断に強くなる本」金融ブックス

・藤原敬三 著「実践的中小企業再生論」きんざい

・藤原敬三 著「実践的中小企業再生論【別冊版】」きんざい

・山田ビジネスコンサルティング株式会社 編「実践 [融資力] 融資判断のための会計トレーニング」ビジネス教育出版社

・高橋俊樹 著「いまさら聞けない 融資の常識50考」きんざい

・市川利夫 著「経営分析の初歩が面白いほどわかる本」中経出版

・M・E・ポーター 著、土岐坤、中辻萬治、服部照夫 訳「[新訂] 競争の戦略」ダイヤモンド社

・越純一郎 監修「銀行法務21別冊 中小企業再生の現場と実務」経済法令研究会

- リッキービジネスソリューション株式会社 編「事業性評価に基づく取引先の見方・支援の進め方」近代セールス社
- 小田大輔／山崎良太 編著「経営者保証ガイドラインと融資実務」銀行研修社
- 橋本卓典 著「捨てられる銀行」講談社
- 帝国データバンク／中村宏之 著「御社の寿命」中央公論新社
- 「週刊金融財政事情」（2015.3.30号）（2016.4.25号）きんざい
- 「銀行法務21」（2016年6月号）経済法令研究会

筆者略歴

楫野哲彦

1954年広島県生まれ。明治学院大学経済学部卒業後、広島銀行入行。国際企画部、資金証券部、東京企画部等を経て、音戸支店長、松山ブロック長兼松山支店長。平成23年9月、広島銀行を早期退職し、シニア起業に挑戦。プレシャスサービス株式会社代表取締役。中小企業庁「ミラサポ専門家」、公益財団法人ひろしま産業振興機構「創業サポーター」、広島市中小企業支援センター「起業支援アドバイザー」を兼務。宅地建物取引士、認定IPOプロフェッショナル、公認内部監査人（CIA）等々多くの資格を保有し、創業支援にも多くの実績を持つ。

樽谷祐一

1962年広島県生まれ。中央大学法学部卒業後、広島銀行入行。支店勤務後、融資第二部にて不良債権等の審査処理業務、債権の流動化業務等を担当後、しまなみ債権回収株式会社の設立に参画。平成14年4月同行を退職。外資系サービサー、法律事務所勤務を経て、平成26年9月CRC企業再建・承継コンサルタント協同組合に参加。プロジェクト管理部長（経営再建承継支援事業）。株式会社エイチエムシー顧問。株式会社かがやき代表取締役。

寺岡雅顕

1953年山口県生まれ。慶応義塾大学経済学部を卒業後、広島銀行に入行。東京企画部を経て、融資第一部にて特定先企業審査および経営改善支援を担当。整理回収機構出向後は、監査部、リスク統括部で格付け審査、その後融資企画部にて融資人材育成のための研修体系を構築。平成25年同行を退職と同時に株式会社エフティーエスを設立し代表取締役。株式会社オクトフォースマネジメント相談役。株式会社かがやき顧問、金融検定協会試験委員を兼務。

ベテラン融資マンの渉外術 〈検印省略〉

2017年2月17日　初版発行
1刷　2017年2月17日
4刷　2019年5月20日

著　者	寺岡雅顕 楫野哲彦 樽谷祐一
発行者	星野広友

発　行　所　**㈱銀行研修社**

東京都豊島区北大塚3丁目10番5号
電話　東京03(3949)4101　（代表）
振替　00120-4-8604番
郵便番号　170-8460

印刷／新灯印刷株式会社
製本／株式会社常川製本
落丁・乱丁本はおとりかえ致します。ISBN978-4-7657-4541-3　C2033
2017ⓒ寺岡雅顕/楫野哲彦/樽谷祐一 Printed in Japan　無断複写複製を禁じます。
★ 定価はカバーに表示してあります。